MICHAEL HÄUPL
FREUNDSCHAFT

MICHAEL HÄUPL

FREUND SCHAFT

AUTOBIOGRAFIE

In Zusammenarbeit
mit Herbert Lackner

Brandstätter

VORWORT

Ein Vorwort für eine Art politische Biografie zu schreiben kann wohl nur einen Sinn haben: Erwartungshaltungen an dieses Buch zu begrenzen und auf auch bewusst gesetzte Defizite einzugehen. Daher sei einleitend klar darauf hingewiesen: Dies ist kein zeitgenössisches Enthüllungsbuch. Wer sich von diesem Buch die Auflösung politischer „Geheimnisse" (als ob es so etwas geben würde), überbordende Kritik und politisches Bashing erwartet, oder gar neue Einblicke ins Privatleben, der sollte es bereits zu diesem Zeitpunkt beiseitelegen. Wer allerdings Interesse an einem interessanten politischen Leben, einer Entwicklung vom Sohn eines Dorfschullehrers aus tiefschwarzem politischen Milieu zum roten Bürgermeister einer europäischen Großstadt und Präsidenten des Europäischen Städtebundes mit vielen Widersprüchen, Irrungen, mit Suchen und Finden, mit allen Niederlagen und großartigen Siegen nachvollziehen möchte, der komme mit auf diese Zeitreise aus der Nachkriegszeit bis weit ins 21. Jahrhundert; aus einem 500-Einwohner-Dorf am westlichen Rand des Wienerwalds bis in die Millionenmetropole Wien. Dieses Buch ist der – hoffentlich einigermaßen gelungene – Versuch, die Vorgeschichte meines späteren politischen Lebens zu erzählen. Wie sehr mein Denken durch das Studium der Biologie und die Arbeit im Naturhistorischen Museum in Wien geprägt wurde, ist ein mir gleichermaßen wichtiges Thema.

Ich will deutlich machen, dass Leben heißt, täglich zu lernen, sich zu entwickeln, sich selbst zu hinterfragen, an Herausforderungen nicht zu verzweifeln, sondern sie anzunehmen und zu bewältigen. Wenn man hinfällt, heißt es aufstehen und weitergehen.

Und noch etwas: Trag in dein Leben Humor. Natürlich ist in einem Leben bei Weitem nicht alles lustig, es gibt im Privaten wie im Beruflichen Momente und Phasen, die schwierig, traurig, fast unbewältigbar sind. Dennoch ist dabei gelassener Humor eine große Hilfe. Natürlich soll man nicht alles „zerblödeln", natürlich muss (und soll) man kein „Augustin" sein, aber aus „dem tiefen Loch" findet man mit einem Schuss Humor leichter heraus. Das gilt auch für die politische Vermittlungsarbeit. Humor ist in der politischen Botschaft eine gute Würze. „Wer Umwelt schützt, muss fröhlich sein", war die Parole bei meinem Amtsantritt als Umweltstadtrat 1988 im Wiener Rathaus. Und selbst harte politische Kritik lässt sich mit einem Schuss Humor verdaulicher machen. Es ist mir dies alles nicht immer gelungen, aber ich habe mich bemüht. Kardinal König hat uns in seinem Lieblingsgebet diesbezüglich eine große Weisheit hinterlassen und ich habe diese in meiner Abschiedsrede im Wiener Gemeinderat zitiert: „O Herr, du weißt besser als ich, dass ich von Tag zu Tag älter und älter und eines Tages alt sein werde. Bewahre mich vor der Einbildung, bei jeder Gelegenheit und zu jedem Thema etwas sagen zu müssen. Angesichts meines großen Reichtums an Lebensweisheit scheint es bedauerlich, nicht alles nutzen zu können, aber du weißt, Herr, dass ich schließlich doch ein paar Freunde behalten möchte."

Und weiter: „Ich wage es nicht, ein besseres Gedächtnis zu erbitten, dafür aber zunehmende Bescheidenheit und abnehmende Selbstsicherheit. Wenn meine Erinnerung mit jener anderer im Widerspruch zu stehen scheint, lehre mich die wunderbare Weisheit, dass ich mich irren kann. Ich möchte kein Heiliger sein – mit manchen von ihnen lebt es sich so schwer: Aber ein alter Griesgram ist das Krönungswerk des Teufels!" Diese Weisheit hat eine große Portion Selbstironie in sich und das macht sie so wunderbar und lebensnah.

Eine letzte Vorbemerkung: Der vorgelegte Text weist viele Lücken auf. Zum Teil sind sie dem Mut zur Unvollkommenheit geschuldet. Ich habe mich schlicht nicht mehr erinnert und zum Teil ist manches auch bewusst ausgelassen worden. 72 Lebensjahre sind nicht so einfach zwischen zwei Buchdeckel zu pressen. Ein Thema, das ich ausgelassen habe, könnte man mir zu Recht vorhalten: „Ibiza" und die „Affäre Kurz". Diese beiden politischen

Schandereignisse sind für jeden aufmerksamen und aufrechten Demokraten, egal aus welchem politischen Lager, als solche evident. Die strafrechtliche Würdigung haben die Gerichte zu treffen, Zurufe von außen sind da entbehrlich. Wir können diese Ereignisse nur staunend, fassungslos und erschüttert zur Kenntnis nehmen.

Auch wenn ich zutiefst die Auffassung von Bundespräsident Alexander Van der Bellen teile – „So ist Österreich nicht" –, darf diese Einschätzung nicht zur Exkulpierung führen. „Demokratie braucht Demokraten" und „Demokratie muss wehrhaft sein", heißt es später im Text. Aber das ist nicht allein Aufgabe von Gerichten oder Untersuchungsausschüssen, sondern von uns allen: bei demokratischen Wahlen und durch mutiges, selbstbewusstes, aber unarrogantes Eintreten für die demokratischen Grundwerte unserer Gesellschaft.

Und nun möchte ich noch zweifachen Dank aussprechen: Zum einen dem Verlag, dessen Exponenten mich mit großer Beharrlichkeit und Geduld zu diesem Projekt verführten. Zum anderen meinem Freund seit Studententagen Dr. Herbert Lackner. Seine Vorbereitung unserer Gespräche, seine Nachbearbeitung der Abschriften, seine sanfte, aber drängende Geduld mir gegenüber, seine einfühlende Bearbeitung des Textes und sicherlich nicht zuletzt sein Verständnis für eine politische und keine private Biografie erfüllen mich mit tiefer Dankbarkeit. Ohne ihn hätte es dieses Buch nicht gegeben.

MICHAEL HÄUPL

„MEI WIEN IS NED DEPPERT."

ÜBER DAS GUTE WIEN-ERGEBNIS DER SPÖ
BEI DEN NATIONALRATSWAHLEN 2017

LÄNDLICH, SCHWARZ, KATHOLISCH

Die kleine niederösterreichische Landgemeinde, in der mein Leben begonnen hat, ist vielen Menschen lediglich als Autofahrer-Wallfahrtsort bekannt und war nahezu ein Paradies – und das nicht nur für Kinder. Die Rückseite des Hofes unseres neben der Kirche gelegenen Elternhauses in Sankt Christophen, etwa 40 Kilometer westlich von Wien, war von einem Lattenzaun begrenzt und es war im wahrsten Sinn des Wortes ein „Kinderspiel", der elterlichen Aufsicht zu entrinnen. Sehr frühzeitig lernten wir – mein Bruder, meine Schwester und unsere Freunde –, was „Freiheit" bedeutet.

Das war noch keine politische Haltung. Mit Politik, genauer mit „Standespolitik", wurden wir nur bei Besuchen von Lehrerkollegen im Wohnzimmer der Eltern konfrontiert. Bei diesen Treffen wurde gegessen, getrunken und fast ausschließlich über Berufsfragen diskutiert.

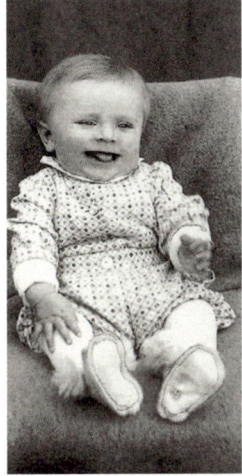

Michael Häupl als Kleinkind (l.);
links mit Schwester Beate und Bruder Franz (r.)

Es waren Gespräche, die wir nicht verstanden haben und die uns ehrlich gesagt auch nicht interessierten. „Große" Politik war es jedenfalls nicht, bei allem Respekt vor der politischen Arbeit in kleinen Landgemeinden.

Und dennoch hält gelegentlich die „große Politik", oder was sich eben dafür hält, Einzug im kleinen Dorf.

Es gibt ein Foto, auf dem ich dem damaligen Handelsminister Fritz Bock von der ÖVP mit schüchternem Blick einen Blumenstrauß überreiche. Das war im Dezember 1958, ich war neun Jahre alt und in Sankt Christophen wurde gerade das Teilstück Nummer 4 der Westautobahn eröffnet, das – immerhin 49 Kilometer lang – nach Pöchlarn führte.

Zur Blumenübergabe hatte mich mein Vater eingeteilt, der mit der Partei des Herrn Ministers sehr sympathisierte.

Der erste Kontakt mit der Politik: mit Blumenstrauß
bei der Eröffnung der Westautobahn bei St. Christophen

Das war mein erster Kontakt mit der „großen" Politik, ein politisches Erlebnis war es nicht. Gefreut hat mich, dass mir der Herr Minister eine Münze in die Hand gedrückt hat – ich habe keine Ahnung mehr, welche es war. Später gab es eine staubtrockene, nicht besonders gut schmeckende Torte. Das sind also die Dinge, an die ich mich im Zusammenhang mit diesem großen Ereignis in unserer Gemeinde erinnere, von einer politischen Wahrnehmung sind sie weit entfernt.

Einen eminent politischen Hintergrund hatte ein anderes Ereignis in meiner Kindheit, an das ich mich sehr gut erinnere. Das war der Tag, an dem der Staatsvertrag unterzeichnet wurde, der 15. Mai 1955, ich war fast sechs. Damals herrschte im Dorf eine völlig andere Stimmung als an „normalen", also langweiligen Tagen. Alle Fahnen wurden aufgezogen, die Blasmusik marschierte auf. Die Erwachsenen fielen sich in die Arme und haben zum Teil vor Glück geweint. Wir Kinder sind dagestanden und haben mit rot-weiß-roten Papierfahnen gewachelt. Das ganze Dorf feierte ein riesiges Fest. Wir waren weit weg vom Wiener Belvedere, wo der Staatsvertrag an diesem Tag unterzeichnet wurde, aber die Freude über die wiedergewonnene Freiheit Österreichs war auch in Sankt Christophen groß.

Sankt Christophen war, politisch gesehen, nachtschwarz. Es gab ein einziges rotes Mitglied im 13-köpfigen Gemeinderat. Das war ein sehr freundlicher und netter Mann, ein Maurermeister. Ich hatte immer den Eindruck, ihm sei im Dorf angeschafft worden, den roten Gemeinderat zu machen, damit es nicht gar so arg ausschaut. Ich habe jedenfalls nie gehört, dass irgendetwas an der Gemeindepolitik kritisiert worden wäre.

Das heißt aber auch, dass sich alle gesellschaftlichen Konflikte, die es natürlich auch in unserem Dorf gab, innerhalb der ÖVP abgespielt haben. Die mächtigste Truppe dort war der Bauernbund, er hatte das Sagen. Dann gab es natürlich wie überall in Österreich die Dorfmächtigen: den Bürgermeister, den Pfarrer, den Schuldirektor, den Arzt – das waren die Kapazunder, die bestimmt haben, was sich abzuspielen hat. Die Demokratie fand tatsächlich in der Wirtshausstube statt.

Mein Vater hatte keine politische Funktion, möglicherweise machte er irgendetwas in der Lehrergewerkschaft. Aber er war natürlich politisch sehr verankert.

Der Bruder meines Großvaters, also mein Großonkel, hatte in der Familie die wichtigsten Funktionen bekleidet. Er war in der Ersten Republik lange Zeit christlich-sozialer Bürgermeister und Feuerwehrhauptmann und er hat den Imkerverein gegründet, eine Leistung, die man im Dorfleben nicht unterschätzen sollte.

Mein Großvater selbst hat sich nicht weit in die Politik vorgewagt, wiewohl natürlich auch er ein strammer Christlich-Sozialer war. Aber das heißt auch, dass in meiner Familie väterlicherseits praktisch alle strenge Anti-Nazis waren. Mein Großvater und sein Bruder waren bei den von Leopold Figl geführten „Ostmärkischen Sturmscharen". Dieser Wehrverband war gegen die Nazis, aber natürlich auch gegen die Sozialdemokraten, und Figls „Sturmscharen" haben auch – an der Seite der Heimwehren und des Bundesheers – an den Februarkämpfen von 1934 teilgenommen.

Wien war – obwohl kaum 40 Kilometer entfernt – unendlich weit weg. Man musste vor der Fertigstellung der Westautobahn 1966 ja noch über Landstraßen in die Hauptstadt fahren. Als ich ein Kind war, hatte aber ohnehin kaum jemand ein Auto. Man ist mit dem Zug gefahren. Bis Wien hat die Fahrt über eine Stunde gedauert, aber eigentlich hatte man dort ohnehin nichts zu schaffen. Der Bezugspunkt, auch für meinen Vater, war St. Pölten, die dortige Bezirkshauptmannschaft, der Landesschulrat. Das ist auch eine meiner frühen politischen Erinnerungen: Während des Abzugs der Alliierten im Herbst 1955 durfte ich einmal meinen Vater nach St. Pölten begleiten. Am Bahnhof von St. Pölten sind warm angezogene, mit Pelzmützen versehene Soldaten mit ihren Waffen in den Zug eingestiegen, der Richtung Wien gefahren ist. Mein Vater sagte zu mir: „Schau, das sind die Russen, die fahren jetzt Gott sei Dank nach Hause."

Ich hatte das Privileg, nur drei Gehminuten von der Volksschule entfernt zu wohnen. Meine Eltern haben dort unterrichtet, ich habe aber beide nie als Lehrer gehabt.

Es war eine für ländliche Gemeinden klassische Volksschule dieser Zeit. Die Kinder der ersten und der zweiten Schulstufe waren in einer Klasse. Die dritte und vierte Stufe waren ebenfalls in einer Klasse. Die fünfte, sechste, siebte, achte, also die ganze sogenannte „Oberstufe", das war die dritte Klasse.

Später hat sich das aufgelöst und diese Oberstufe wurde Teil der Hauptschule. Wichtig war die Einführung der Schulbusse. Manche Bauernkinder sind in der Früh im Winter bis zu zwei Stunden in die Schule gegangen – und sie mussten ja auch wieder heimgehen. Wann haben die ihre Hausübungen gemacht? Dazu kam noch, dass Kinderarbeit am Bauernhof unter stiller Duldung der Lehrer natürlich nicht selten war. Die sind nicht schon am 2. oder 3. September in die Schule gekommen, sondern erst wenn die Ernte eingebracht war.

Als kleines Kind war ich relativ viel bei meinen Großeltern, mein Großvater war der frühere Volksschuldirektor. Er war ein extrem begabter Pädagoge und ein großartiger Musiker. Er hat sich sehr viel mit mir beschäftigt, weil ja beide Elternteile am Vormittag in der Schule unterrichtet haben. Mit meinem Großvater habe ich oft gespielt und nie gelernt, und auf diese Weise konnte ich lesen, schreiben und rechnen sowie einige Musikinstrumente spielen, bevor ich überhaupt mit der Schule begonnen habe.

Die musikalischen Fertigkeiten sind leider verloren gegangen. Ab meinem zehnten Lebensjahr habe ich noch hin und wieder Flöte gespielt oder vielleicht die Okarina, diese herrliche, italienische Gefäßflöte. Aber sonst konnte ich gar nichts mehr.

Ich hatte in der Schule zu Beginn eine gewisse Sonderstellung, weil ich ja schon lesen konnte. Wenn die anderen in der ersten Klasse Volksschule gelernt haben, das A sei so ein Dacherl, habe ich inzwischen in einer der hinteren Bänke Bücher gelesen. Nicht, weil ich so ein Genie war – das war ich überhaupt nicht, ich war weit davon entfernt, ein Wunderkind zu sein. Aber mein Großvater hat es wirklich geschafft, in mir Neugier und Interesse zu wecken, sodass ich alles eigentlich spielerisch gelernt habe.

ZOFF IM KLOSTER-GYMNASIUM

Nach der Volksschule bestand mein Vater darauf, dass ich ein Stiftsgymnasium besuche. Er dachte dabei an jenes in Melk. Meine Mutter wollte, dass ich nach Krems in die Schule gehe. Das Kremser Gymnasium war nicht kirchlich, aber ich hätte im kirchlichen Konvikt gewohnt.

Schließlich hat sich mein Vater durchgesetzt, aber der Eintritt ins Melker Gymnasium hat aus irgendeinem Grund nicht funktioniert. Also bin ich ins Stiftsgymnasium Seitenstetten gekommen, zu den Benediktinern.

Natürlich gab es auch dort ein Konvikt, in dem wir weltlichen Kinder wohnten, im Seminar wohnten jene Schüler, die Priester werden sollten.

Das war meinem um zwei Jahre jüngeren Bruder beschieden – er sollte nach dem Willen meines Vaters Priester werden, aber diese Karriere blieb ihm schließlich erspart. Er ist schon nach einem Jahr aus dieser Schule geflogen, ich hab etwas länger durchgehalten und bin erst nach drei Jahren hinausgeflogen.

Ein Konvikt war in den 1950er-Jahren noch von der Pädagogik des 19. Jahrhunderts geprägt. Aber es hatte auch gute Seiten. Mein Interesse am Sport habe ich zweifelsohne in Seitenstetten entdeckt, der wurde dort sehr forciert. Was mein Großvater unendlich bedauert hat, war, dass das Interesse für Musik in keiner Weise gefördert wurde – und Sport war meinem Großvater völlig egal.

Mein Abgang aus Seitenstetten erfolgte im dritten Jahr. An einem Nachmittag standen wieder einmal Exerzitien am Programm – Exerzitien für Zwölfjährige, persönliche Gebetsstunden in völliger Stille! Für mich war das quälend. Also habe ich anstelle dieser Exerzitien ein Fußballturnier mit einem Tennisball organisiert. Die breiten Klostergänge eigneten sich dafür hervorragend. Ich hatte leider übersehen, dass eines der Tore die Eingangstür zur Zelle des Präfekten war. Nach dem dritten Tor waren das Spiel und damit auch meine Schulkarriere in Seitenstetten zu Ende.

Natürlich war dieses Match nur der Auslöser, es gab da schon einige disziplinäre Vorgeschichten. Ich war sicher kein ganz einfaches Kind und ich war auch ein ganz anderes Leben gewohnt. Sankt Christophen war noch sehr ländlich und wir Kinder hatten maximale Bewegungsfreiheit. Und auch die spielerische Wissensvermittlung, diese immer wieder die Neugierde des Kindes anregende Form der Pädagogik meines Großvaters, war so völlig anders als die im Stiftsgymnasium.

Die Heimauswahl des Piaristenkonvikts Krems
mit Michael Häupl vorne rechts

Ich war damals ja noch lange nicht in der Pubertät, aber dieser Zwang in Seitenstetten hat bei mir eine frühe Rebellion ausgelöst. Ein Trauma jedoch, wie es etwa viele andere Absolventen eines Klostergymnasiums erlitten haben, hat sich bei mir vielleicht gerade deswegen nicht eingestellt. Erstens war ich ja nicht so lange in diesem Konvikt. Zweitens habe ich meinen Widerstand eben in einer bescheidenen, kindlichen bis kindischen Form ausgelebt und viel Frust beim Sport abgebaut.

In der Folge bin ich ins Gymnasium in Krems gekommen, wohin mich meine Mutter ja von Beginn an schicken wollte, wohl weil es deutlich näher bei Sankt Christophen lag als das im äußersten Westen Niederösterreichs gelegene Seitenstetten.

In Krems wurde ich ins öffentliche Realgymnasium eingeschrieben, gewohnt habe ich aber schon wieder in einem Konvikt, diesmal bei den Piaristen. Es war nicht vergleichbar mit dem weit rigideren Konvikt in Seitenstetten, aber es war streng genug. Ich und viele andere Konviktszöglinge haben eher passiven Widerstand geleistet. Es hat mich nicht gewundert, dass ich in der Mitte der fünften Klasse auch dort hinausgeflogen bin.

Der Anlass dafür war noch lustiger als die Fußballgeschichte in Seitenstetten.

Ich hatte damals einen Freund, der später eine führende Rolle in der österreichischen Wirtschaft spielen sollte. Uns beiden ist schwer auf die Nerven gegangen, dass man noch in der fünften Klasse das Konvikt am Abend nicht verlassen durfte. Wir sind also zum Rektor, dem obersten Präfekten, gegangen und haben gesagt, wir wollten in Krems eine Organisation für die katholische studierende Jugend gründen. „Ah!", hat er hocherfreut gesagt, „toll!" Wir haben Schlüssel bekommen und durften zwei Mal in der Woche bis 22 Uhr fortbleiben. Natürlich sind wir ausgegangen und haben uns einen Schmarren um die katholische studierende Jugend gekümmert.

Einige Monate später fand in Krems ein großes Pfarrfest statt, bei dem natürlich die Geistlichkeit der Stadt vollzählig versammelt war. Dort hat unser Rektor den Pfarrer gefragt: „Na, mein Bruder in Christo, wie bist du mit meinen Kindlein zufrieden?" Der sagte überrascht: „Was für Kindlein?" – „Na, meine zwei Kindlein, die die katholische studierende Jugend aufgebaut haben."

Damit war alles klar.

Schon am nächsten Morgen sind wir beide mit unserem Gepäck vor dem Konvikt gestanden und wurden von unseren Vätern unter wüsten Beschimpfungen abgeholt. Dann hat es mein Vater aufgegeben und ich habe von da an in Krems privat gewohnt. Ich musste zum Glück lediglich das Konvikt verlassen und nicht schon wieder auch die Schule wechseln.

ZWISCHENSPIEL IN DER BURSCHENSCHAFT

In der Schulstadt Krems hat es drei schlagende Verbindungen und drei MKV-Verbindungen gegeben. Sonst nichts. Der Mittelschüler-Kartellverband, der MKV, war strikt katholisch und kam für mich mit meinen bitteren Konvikts-Erfahrungen nicht infrage.

Ein anderer Schüler, der dort schon dabei war, hat mich dann einmal in eine schlagende Burschenschaft mitgenommen, zur „Jungmannschaft Kremser Mittelschüler Rugia Krems". Das war interessant, es war etwas anderes, es war eine Gemeinschaft, es war ein Abenteuer.

Die Ideologie des Deutschnationalismus, die auch dieser Verbindung zugrunde gelegen ist, hatten wir Jungen nicht wirklich verstanden. Natürlich hat es in dieser „Jungmannschaft" einige Rechtsextreme gegeben, aber bei Weitem nicht alle fielen in diese Kategorie. Erst als wir etwas älter und in einem anderen sozialen Umfeld waren, hat sich uns der ideologisch-politische Hintergrund dieser Verbindung erschlossen. Ich und eine Reihe anderer Kollegen haben die Verbindung dann verlassen.

Die Zeit in der „Rugia Krems" war eine Erfahrung, auf die ich nicht stolz bin, die ich aber nicht leugnen und auch nicht missen möchte.

Die Geschichte ist dann viel später wieder aufgekocht worden. Als ich Anfang der 1990er-Jahre als neuer Wiener SPÖ-Obmann im Gespräch war, wurde meine Anwesenheit in dieser Kremser Verbindung ausgegraben und Alfred Worm, dem Aufdecker beim „profil", zugespielt. Worm hat dann aber einen sehr fairen Beitrag geschrieben. Das war auch der Beginn einer persönlichen Bekanntschaft mit ihm, die von hohem Respekt getragen war. Dieses gute Verhältnis hat selbst dann noch gehalten, als er für die ÖVP im Wiener Gemeinderat gesessen ist, was mit Sicherheit nicht seine glücklichste Zeit war.

Aber zurück nach Krems. Meine Freizeit habe ich vor allem mit Fußballspielen verbracht, schließlich auch in einem Verein, dem ESV Vorwärts Krems, mit drei Mal in der Woche Training. ESV stand für Eisenbahner-Sportverein. Das war natürlich ein roter Klub, wie der Name vermuten ließ. Aber ich habe das nicht realisiert, obwohl mein Großvater mütterlicherseits ÖBB-Pensionist war.

Natürlich war ich in Krems in erster Linie, um die Mittelschule zu absolvieren, auch wenn Fußball sowohl im Verein als auch in der Schule ein mir wichtiger Bestandteil meines noch sehr jugendlichen Lebens war.

Mein Interesse für Naturwissenschaften wurde von bestimmten Lehrern geweckt. Ich hatte zum Beispiel einen Mathematiklehrer, den Herrn Professor Ptak, den ich überaus geschätzt habe. Und das nicht nur wegen seines Mathematikunterrichts. Er war jüdischer Abstammung und überdies angeblich Kommunist, deshalb war er im KZ Mauthausen inhaftiert gewesen. Dort wurde er so brutal misshandelt, dass er fast erblindete.

Professor Ptak war ein großartiger Mathematiklehrer. Er hat versucht, den Schülern Mathematik als Sprache der Natur zu vermitteln. Ich hatte ganz gute Noten in Mathematik, später hat sich das ein bisschen geändert.

Noch mehr Einfluss auf meine spätere Studienwahl hatte ein Freund meines Vaters, der ein Sommerhaus in Sankt Christophen hatte, der bekannte Biologe und Universitätsprofessor Fritz Schremmer. Er forschte und lehrte zuerst an der Universität Wien und war später Ordinarius in Heidelberg. Wenn er in Sankt Christophen war, sind die beiden Herren oft miteinander spazieren gegangen und haben sich dabei über alles Mögliche unterhalten, gelegentlich hat mich mein Vater mitgenommen.

Professor Schremmer hatte sich auf Insekten spezialisiert und beim Spaziergang hat sich dieser kleine Herr manchmal auf den Boden geworfen, hat eine Lupe hervorgezogen und die Erde studiert. Einmal habe ich ihn gefragt, ob ich da auch einmal durchschauen darf. Und dann hat er begonnen, mir das zu erklären, was man in der Wissenschaft später als Synökologie bezeichnet hat. Diese befasst sich mit dem Zusammenleben, der „Soziologie" von Pflanzen, Tieren und nicht belebter Natur. Professor Schremmer hat versucht, mir das kindgerecht zu verdeutlichen.

Synökologie – das ist ein sehr großer Zusammenhang. Später, im Studium und im Museum, haben wir uns sehr viel damit beschäftigt.

Diese Welt, die der Herr Professor mir 14- oder 15-Jährigem da erschlossen hat, hat mich ungemein fasziniert. Ich habe damals zu Weihnachten einen Chemiebaukasten geschenkt bekommen. So ist der Keim gelegt worden.

In der Folge hat sich meine Motivation, die Matura zu machen, ausschließlich darauf fokussiert: Ich will Biologie oder Chemie studieren, auf jeden Fall ein naturwissenschaftliches Fach. Letztendlich konnte ich das ja auch umsetzen.

Allerdings hatte das Studium noch ein Jahr zu warten, weil ich vorher zum Bundesheer musste. Bruno Kreisky hat den Zivildienst ja erst fünf Jahre später eingeführt. Der Präsenzdienst dauerte zu meiner Zeit noch neun Monate und er war alternativlos. Aber wer zwei katholische Konvikte hinter sich gebracht hat, der hat vor dem Militärdienst keine Angst.

ENDLICH WIEN: LEHRSTUNDE IM KAISERMÜHLENER BEISL

A ls ich dann 1969 endlich nach Wien gekommen bin, war das für mich in jeder Hinsicht ein „Clash of Civilizations". Schon die „Auswanderung" des Dorfschullehrer-Buam in eine Stadt wie Krems war ein erheblicher Schritt gewesen. Krems hatte damals ungefähr 22.000 Einwohner, es war eine sehr schöne, eine schülerdominierte, aber sehr konservative Kleinstadt. Die darauf folgende Zeit beim Bundesheer am gegenüberliegenden Ufer der Donau, in Mautern, war natürlich ebenfalls extrem fremdbestimmt.

Und dann in diese große Stadt Wien zu kommen und erstmals „Freiheit" zu genießen – das war schon von der Lebenskultur her enorm aufregend und hat selbstverständlich auch mich verändert.

Die Schwester meiner Großmutter väterlicherseits war Wirtin in Kaisermühlen gewesen. Sie war schon in Pension, ihr Mann war gestorben und sie hat in einer relativ großen Wohnung in Kaisermühlen, im 22. Wiener Gemeindebezirk, gewohnt. Dort habe ich ein Zimmer zugewiesen bekommen, was natürlich ein von Beginn an zum Scheitern verurteiltes Projekt war. Aber mein Vater hat sich noch ein letztes Mal eingebildet, ich hätte eine solche Kontrollinstanz nötig.

Für mich war diese erste Zeit in Wien dennoch unglaublich interessant, weil schräg gegenüber in der Schüttaustraße der damals berühmte Boxer Hansi Orsolics ein Café hatte. Dort habe ich eine Seite des Lebens kennengelernt, die ich nie zuvor gesehen hatte. Das war eine neue Wirklichkeit, eine Art Schule.

Ich habe mich meist ganz hinten ins Lokal gesetzt und ein Bier getrunken, natürlich wie alle anderen aus der Flasche, und habe nur zugehört und mit großen Augen gesehen, was sich da in diesem Kaisermühlener Beisl so abspielte. Der junge Bua da hinten war für die Leute dort natürlich völlig uninteressant. Aber für mich war es eine Schulung, die ich später sehr gut gebrauchen konnte.

Die großen Gemeindebauten in Kaisermühlen, wie etwa der Goethehof, waren für mich eine kaum nachvollziehbare Welt. Zugang zum Gemeindebau habe ich später über die Architektur und über die Kultur des Zusammenlebens anhand des Sandleitenhofs oder des Karl-Marx-Hofs gefunden. Ich habe begriffen, dass das eine Welt ist, die ich nie kennengelernt habe, die aber einen sehr hohen kulturellen Stellenwert hat. Damit meine ich nicht nur die Kunst an den Fassaden. Wer weiß schon, dass lediglich 12 Prozent der Fläche des Karl-Marx-Hofs tatsächlich verbaut sind? Der Rest sind Grünflächen oder Gemeinschaftseinrichtungen. Das ist alles Ausdruck einer Lebenskultur und eines Lebensverständnisses, die mir zwar unbekannt waren, die mich aber sehr fasziniert haben.

Die große Stadt hat mich natürlich beeindruckt, ebenso das universitäre Leben. Ein solches Maß an Freiheit! Ich habe über ein Jahr gebraucht, bis ich das realisiert hatte.

Ich hatte Biologie an der Universität Wien inskribiert und das Fach war ein Diaspora-Studium: Die Botanik war am Rennweg angesiedelt, die Pflanzenphysiologie und die Zoologie im Hauptgebäude der Universität am Ring, die Limnologie in der Berggasse, die Physik und die Chemie in der Boltzmanngasse, Mathematik fand in der Strudelhofgasse statt, Organische Chemie in der Währinger Straße. Das diente nicht zuletzt auch der körperlichen Fitness.

Im fortgeschrittenen Teil des Studiums mussten wir auch noch das Spezialpraktikum Histologie absolvieren. Das hat es damals auf der Biologie noch nicht gegeben, also mussten wir einen einsemestrigen Sonderkurs an der medizinischen Fakultät absolvieren.

Bei der Großtante in Kaisermühlen bin ich drei Monate geblieben. Dann war's das dort, ich bin ins Studentenheim gezogen. Freiwillig in ein Heim! Ich, das Konvikts-Opfer!

Aber diese Heim-Zeit war ganz anders als jene in meiner Schulzeit. Wir waren nun alle älter, nach dem Bundesheer bist du ein junger Mann und kein Schüler mehr.

In diesen Jahren im Studentenheim gab es dann die ersten Erfahrungen, die bei mir zu einem politischen Erwachen geführt haben.

Ich hatte ja keines der Fächer studiert, in denen Politisches ganz logisch am Studienplan steht – Politologie, Soziologe, Pädagogik, Publizistik. Aber in der Post-68er-Zeit war die gesamte Universität von Politik durchflutet – auch die Naturwissenschaften und die Medizin.

DIE ERSTE „REVOLUTION"

ch wurde Studentenvertreter auf der Biologie, dazu haben mich Freunde am Institut überredet. Einer von ihnen war der spätere Universitätsprofessor für Pflanzensoziologie Michael Steiner. Er war ebenfalls Studentenvertreter und hat sich beim Verband Sozialistischer Studenten engagiert, beim VSStÖ. Michael machte mich mit einem gewissen Josef Cap bekannt. Cap war einer von jenen, die den siechen VSStÖ damals wiederbelebt haben.

Dieses erste Treffen fand in der Mensa des sogenannten Neuen Institutsgebäudes der Wiener Uni statt, das schon damals nicht mehr neu war. 1972 bin ich dann ebenfalls beigetreten und habe die Truppe kennengelernt, die Cap schon um sich geschart hatte: etwa Peter Pelinka oder den späteren Sektionschef im Kanzleramt Manfred Matzka, den Ökonomiestudenten Peter Pilz und den Zeitgeschichtler Sigi Mattl.

Ich hatte dem VSStÖ immerhin die Morgengabe mitgebracht, dass ich Vorsitzender der Studentenheimvertretung war, die wir in der Zwischenzeit gegründet hatten – und das sogar als Folge einer kleinen revolutionären Erhebung. Unser Studentenheim in der Auerspergstraße war ein reines Männerheim. Wenn mich meine Mutter besuchen kam, um mich zum Mittagessen abzuholen, musste sie beim Portier warten und durfte nicht zu mir ins Zimmer kommen. Frauen durften da nicht hinauf.

Besonders grotesk war, dass die Heimträgerorganisation nicht irgendein konservativer katholischer Verein war, sondern die Österreichische Hochschülerschaft. Trotzdem durften keine Mädchen ins Haus und der Heimleiter hat sich aufgeführt wie ein Kapo. Wir befanden uns also logischerweise in einem prärevolutionären Zustand.

Es hat genau ein Dreivierteljahr gedauert, dann war die Geschichte vorbei. Es wurde eine fünfköpfige Heimvertretung gewählt, deren Vorsitzender ich war. Der Heimleiter wurde zum Hausmeister degradiert. Der durfte dann die Glühbirnen austauschen, aber die Zimmervergabe für die neu ins Heim Kommenden hat der Vorsitzende der Heimvertretung gemacht.

Natürlich wurden dann auch Mädchen ins Heim aufgenommen, und das hat dennoch nicht zum prophezeiten Sodom und Gomorrha geführt. Unsere internen Konflikte, die in solchen Umbruchszeiten ja unvermeidlich sind, haben sich in Grenzen gehalten. Das ehedem schwarze Studentenheim in der Auerspergstraße wurde zu einer studentenpolitischen Hochburg des VSStÖ.

Diese „revolutionäre" Tat darf nicht mir allein zugeschrieben werden, wir waren in der Heimvertretung ja zu fünft – vier VSStÖler und ein Kommunist. Für die ÖVP-nahe ÖSU hat es bei einer Abstimmung im Heim unter den etwa 143 Bewohnern genau vier Stimmen gegeben.

Ich bin relativ unpolitisch aus Krems nach Wien gekommen und relativ schnell aktivistisch geworden, weil die Politik in der Luft gelegen ist. Ich würde mich nicht als 68er bezeichnen, sondern als Post-68er. Ich war selbst in der revolutionären Zeit viel pragmatischer, viel weniger romantisch, als es die echten 68er waren. Wenn uns die Kommunisten oder andere linke Gruppierungen an der Uni abschätzig als „Reformisten" bezeichneten, dann hatten sie recht, das waren wir in der Praxis ja auch. In der Theorie vielleicht nicht. Wir haben das im VSStÖ schon auch ausgelebt, das alte austromarxistische Trauma von der revolutionären Theorie. Aber unsere gewerkschaftliche Orientierung hat dazu geführt, dass wir uns abseits der großen Theorie um konkrete Sachfragen kümmerten. Wir hatten zum Beispiel einen absoluten Spezialisten für Hochschulrechtsfragen. Er hat die ausgefeiltesten Stellungnahmen zum Universitäts-Organisationsgesetz geschrieben. Ich war der Spezialist für die soziale Lage der Studenten. Ich habe Broschüren verfasst, vorne die Analysen und hinten ordnungsgemäß ein Forderungskatalog.

Wir hatten auch einen eigenen Theorie-Arbeitskreis und unablässig versucht, uns auch theoretisch weiterzubilden. Kreisky hat uns als Parteichef und Bundeskanzler natürlich fasziniert, auch wenn wir sehr oft nicht seiner Meinung waren und das auch lauthals kundgetan haben. Aber in einem Punkt waren wir völlig bei ihm: Wer sich nicht mit der sozialistischen Theorie auseinandersetzt, für den bleibt das tägliche Handeln immer nur Handwerkelei, aber es wird kein Werk, mit dem man sich dem Sozialismus annähert.

Das hatte er gut gesagt.

Jeder im VSStÖ hat sich seinen Theorie-Schwerpunkt gesucht. Cap hat sich mit dem 1938 auf Stalins Befehl ermordeten Revolutionär Nikolai Bucharin beschäftigt. Ich habe gemeinsam mit Sigi Mattl eine Seminararbeit über Philosophie und Staatstheorie bei Max Adler geschrieben. Nachträglich muss ich konstatieren: Es war ein dogmatischer Schmarren der Sonderklasse. Oder sagen wir es freundlich: ein intellektueller Irrweg. Aber es war für uns eine bestimmte Entwicklungsphase und es war ein Bildungs-Wettbewerb: Ich will den Freunden nicht nachstehen.

Das würde man sich heute von bestimmten Politikern auch manchmal wünschen. Übrigens: Sehr viele aus dieser VSStÖ-Generation, eigentlich fast alle, haben ihr Studium auch abgeschlossen.

Mein Vater hat damals aus dem „Kurier" erfahren, dass ich bei den Sozialistischen Studenten bin. Ausgerechnet in seiner Leibzeitung hieß es auf Seite 2 in einer Kurzmeldung: Der Hochschüler Michael Häupl wurde am Wochenende bei der Bundesvollversammlung des Verbands Sozialistischer Studenten zum Bundesvorsitzenden gewählt.

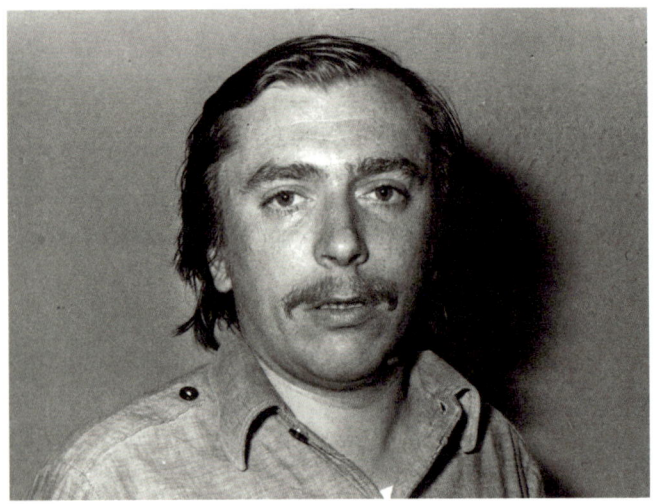

Als Vorsitzender des Verbands Sozialistischer Studenten, 1976

Er hat mich daraufhin angerufen und gemeint, ich sei enterbt. Dann habe ich ihn dezent darauf hingewiesen, dass er nichts zum Enterben hat. Danach haben wir uns ausgiebig ausgesprochen. Er hat es nie wirklich verstanden, aber akzeptiert. Als er dann draufgekommen ist, dass mein Bruder auch bei der SPÖ ist, hat ihn fast der Schlag getroffen.

Unsere Erfolgserlebnisse waren die Ergebnisse der Hochschülerschaftswahlen. Als wir 1973 übernommen haben, lag der VSStÖ knapp über 11 Prozent, bei unserer letzten Wahl 1977 hatten wir 17 Prozent. Heute rangiert der VSStÖ meist knapp über der 20-Prozent-Marke.

Die politische Situation an den Universitäten hat sich seit damals maßgeblich verändert. Der „Ring Freiheitlicher Studenten", in dem sich auch allerlei Rechtsradikale und waschechte Neonazis tummelten, war seinerzeit zweitstärkste Fraktion der Hochschülerschaft mit Stimmenanteilen von knapp 30 Prozent bei den ÖH-Wahlen. Nach 1968 folgte der Abstieg dieses RFS. 1974 haben wir ihn mit dem VSStÖ erstmals überholt.

Von den klaren rot-grünen Mehrheiten späterer Zeiten waren wir aber noch weit entfernt. Wir waren schon stolz, dass wir zweitstärkste Studentenfraktion wurden. Heute sind wir stolz darauf, dass der VSStÖ die stärkste Gruppierung in der Studentenvertretung ist.

Studenten, die aus einem Arbeiter- oder Angestelltenhaushalt gekommen sind, waren natürlich gezwungen, sehr viel rascher zu studieren, weil sie nicht über die entsprechenden finanziellen Mittel verfügt haben. Ein Mittelschichtkind wie ich hat zwar einen Zuschuss vom Vater bekommen, aber der hat natürlich nicht gereicht. Ich musste nebenbei immer arbeiten, vor allem im Sommer, damit sich das alles halbwegs ausgeht. Mein VSStÖ-Engagement hat mir vom Studienablauf her sicher ein Jahr gekostet.

Gearbeitet habe ich alles Mögliche. Das Studentenheim war im Sommer geschlossen, also habe ich in Sankt Christophen in meinem Geburtshaus gewohnt und bin halt jeden Tag in der Früh mit dem Rad nach Neulengbach zum Bahnhof und von dort mit dem Zug nach Wien gefahren. Abfahrt 6.20 Uhr, das weiß ich noch.

Einmal habe ich in einem Zeitungsarchiv wochenlang Ausschnitte auf Mikrofilm aufnehmen müssen – eine absolute „Intelligenzlerhackn".

Mein Vater hatte sich ziemlich bald erkundigt, wie lange die durchschnittliche Studiendauer für ein Studium der Biologie beträgt. Das waren 16 Semester und ich habe dann auch ziemlich genau 16 Semester gebraucht. Zuletzt hatte ich aber schon halbtags im Naturhistorischen Museum gearbeitet.

Vorher hatte ich ein bisschen in der Zoologie als Tutor ausgeholfen, später im Sommer einmal in der Meeresbiologie – ein Fach, das mich sehr interessiert hat, aber Österreich ist leider nicht der ideale Ort zur Ausübung des Berufs des Meeresbiologen.

EINE WENDE: MEINE TOCHTER UND MEIN NEUER JOB

Meine Halbtags-Tätigkeit im Naturhistorischen Museum hatte einen guten Grund: Meiner Beziehung mit einer Studienkollegin entsprang meine Tochter Christine. Im Sommer 1975 haben wir geheiratet, Christine wurde im September geboren.

Während meines Engagements im Museum hatte ich meine Dissertation abgeschlossen: „Funktionelle Untersuchungen am Schädelskelett und der Kopfmuskulatur verschiedener Arten der Familie der Geckonen". Für mein ursprünglich geplantes Thema („Der Einfluss von Schwermetallen, insbesondere des Bleis, auf die Embryonalentwicklung von Fischen") fehlten in Wien die entsprechenden Versuchsanlagen.

Promoviert wurde ich 1977, nach dem Studienabschluss stufte man mich im Museum als Vertragsbediensteter Gruppe A ein. Beamter wurde ich erst später, nach

Am SPÖ-Bundesparteitag im Wiener Konzerthaus im März 1976

einer Dienstprüfung. Mein Amtstitel war „Kommissar", wissenschaftlicher Kommissar. Das Dekret hat Wissenschaftsministerin Hertha Firnberg unterschrieben, Oberkommissar wurde ich per Unterschrift von Erhard Busek.

Ein halbes Jahr vor meinem Studienabschluss, im Februar 1977, ist mein Vater gestorben und kurze Zeit später habe ich mit dem VSStÖ aufgehört. Dort war eine unerquickliche Situation entstanden. Zuerst gab es große Auseinandersetzungen mit der Partei und dann heftige Grabenkämpfe im VSStÖ selbst, bei denen es in der Folge sogar zu schmerzhaften Ausschlüssen gekommen ist. Es war eine schwierige Lehrzeit. Die Konflikte in der Organisation kreisten im Wesentlichen um zwei Themen:

1. Machen wir Hochschulpolitik als „Konkurrenzprojekt" innerhalb des linken Spektrums der Studenten oder als politisches Projekt zur Interessenvertretung der sozial

schwächeren Studenten und in Konkurrenz zu den bürgerlichen oder ganz rechten Studentengruppen?

2. Machen wir linke politische Arbeit innerhalb oder außerhalb der organisierten Arbeitnehmerschaft, also der SPÖ?

Das waren zwei zentrale politische Fragen, aber wir alle hatten keine Erfahrung im Auflösen solcher Konflikte oder im „Handling" antagonistischer Widersprüche.

Roland Paukner von den Sozialistischen Medizinstudenten hat zu mir gesagt: „Du wechselst jetzt in die ‚Junge Generation', du hast ja selbst immer gesagt, Student-Sein sei ein transitorischer Zustand. Aber du gehst nicht in den 8. Bezirk, wo du immer gewohnt hast, du kommst zu uns nach Ottakring."

Das passte, da wir im VSStÖ ohnehin beschlossen hatten, nun in die „echte" Parteiarbeit in den Sektionen und Bezirken einzusteigen.

Ich wurde bald Wiener Landesvorsitzender der Jungen Generation (JG), konnte mir aber immer noch nicht vorstellen, dass ich hauptberuflich Politiker werde. Meine Lebensplanung war eine andere: Ich wollte mich im Museum habilitieren und an die Universität zurückkehren.

DER MARSCH DURCH DIE INSTITUTIONEN

W ir waren uns im VSStÖ also einig gewesen: Es gibt ein Leben nach dem Studium, jeder wird einen seiner Ausbildung entsprechenden Beruf ergreifen. Es stellte sich aber die Frage: Was machen wir politisch weiter?

Der Wechsel aus einer Studentenorganisation in eine Jugendorganisation oder eine Parteisektion war da naheliegend. Ein erheblicher Teil wechselte in die Sozialistische Jugend, etwa Josef Cap, Renate Brauner und Brigitte Ederer. Ein anderer Teil ging in die „Junge Generation", die SPÖ-Organisation für junge Erwachsene, zum Beispiel Manfred Matzka und ich.

Alle, die in eine Jugendorganisation gewechselt waren, engagierten sich gleichzeitig auch in einer Parteisektion in ihrem jeweiligen Bezirk. Josef Cap ging in die Bezirksorganisation Hernals, er ist bis heute dort aktiv. Renate

Brauner begann in der Bezirksorganisation Margareten, Brigitte Ederer in der Leopoldstadt, Peter Pelinka und ich in Ottakring.

Man könnte sich durchaus vorstellen, dass die bisherigen Sektionsmitglieder nicht allzu erbaut waren, als da plötzlich ein paar obergescheite Studenten hereinschneiten. Aber so war es gar nicht.

Ich bin recht freundlich in der „16er-Sektion" in Ottakring aufgenommen worden, hatte dabei aber auch Glück: Es war eine Sektion, in der jüngere und kritischere Sozialdemokraten aktiv waren. Der Sektionsleiter war ein wirklich mutiger und kritikfähiger Mann. In dieser Sektion war auch der spätere ORF-Generalintendant Gerhard Zeiler Mitglied, solange ihm sein berufliches Engagement das erlaubt hat. Er war damals noch Mitarbeiter des SPÖ-Pressedienstes.

Natürlich gab es in den Sektionen auch Leute, denen diese aufmüpfigen, kritischen Typen, die da plötzlich auftauchten, nicht gar so sympathisch waren.

Wir haben also brav beim „normalen Sektionsleben" mitgemacht und sind auch von Tür zu Tür gegangen, um den Partei-Mitgliedsbeitrag zu kassieren. Bei den Garagenfesten, Hoffesten, Parkfesten und Platzfesten haben wir Tische getragen und Würstel organisiert. Das war uns ja nicht fremd, das hatten wir im VSStÖ auch schon gemacht.

Einige von uns, wie etwa Renate Brauner und Gitti Ederer, waren ohnehin schon vom Typus her, sagen wir, sehr volksnah. Wie es Josef Cap gegangen ist, weiß ich nicht, wir haben nie darüber geredet. Aber er war ja einer von denen, die durchaus anpassungsfähig waren.

Es hat auch einige kritische Initiativen gegeben, etwa den Kreis um die Zeitung „Tribüne", die maßgeblich vom späteren Präsidialsektionschef im Kanzleramt Manfred Matzka gestaltet wurde, der übrigens auch ein ausgezeichneter Journalist geworden wäre.

Ich habe mich im Hugo-Breitner-Kreis engagiert, benannt nach dem legendären Finanzstadtrat des „Roten Wien", der durch seine progressive Steuerpolitik dieses großartige Projekt erst möglich gemacht hat. Breitner floh vor den Nazis zuerst nach Frankreich und dann in die USA. Nach Kriegsende wollte er nach Wien zurückkehren, aber die damalige SPÖ-Führung hat dieses Ansinnen nicht unterstützt. Er ist dann in Kalifornien gestorben.

Im Breitner-Kreis trafen sich an Kommunalpolitik besonders Interessierte. Da war eine ganze Reihe jüngerer Beamter aus der Stadtplanung dabei, die eine sehr interessante Broschüre mit verschiedenen Vorschlägen erarbeiteten. Einige der Ideen wurden später auch verwirklicht, etwa der Ring-Radweg – er wurde im Hugo-Breitner-Kreis erfunden.

Kritiker könnten natürlich einwerfen: Ihr wolltet eine sozialistische Kommunalpolitik neu konzipieren und herausgekommen ist ein Radweg. Aber immerhin.

Der damalige Vizebürgermeister und Finanzstadtrat Hans Mayr hat unsere Ideen im Gegensatz zu anderen sehr freundlich aufgenommen, auch wenn er überhaupt nicht unserer Meinung war. Aber er hat sich wenigstens damit auseinandergesetzt.

In dieser Zeit gab es immer öfter Aktionen von autonomen Gruppen, an denen sich die SPÖ-Jugendorganisationen – wo es ging – beteiligten. Es war eine Gratwanderung, weil sich solche Aktivitäten meist gegen die rote Stadtverwaltung richteten, wie etwa 1976 die Besetzung der „Arena", einer Spielstätte der Wiener Festwochen am Gelände des alten Schlachthofs in Sankt Marx. Die Stadt hatte es schon zuvor einer Textilfirma verkauft, nach den Festwochen hätte das Areal geräumt werden müssen. Und dann wurde es besetzt.

Damals war ich noch VSStÖ-Bundesobmann, und der VSStÖ hat dort das sogenannte Soldatenhaus organisiert. Im Soldatenhaus wurden Leute, die vom Bundesheer desertiert sind, von Juristen und Jus-Studierenden beraten.

Es gab in diesem alten Schlachthof einen Turm, von dem aus ich einmal das Anrücken der Vertreter der gestrengen, aber letztlich doch kompromissbereiten Stadtverwaltung beobachtet habe. Gertrude Fröhlich-Sandner, damals Vizebürgermeisterin und für den Jugendbereich zuständig, hat sich beharrlich geweigert, das Gelände polizeilich räumen zu lassen. Nach drei Monaten – es war inzwischen Oktober – gab es eine Einigung. Als Kompromiss wurde auf einem Teil des Areals, dem Inlands-Schlachthof, der bis heute bestehende Veranstaltungsort Arena gegründet. Ich glaube, dass die Autonomen damit ganz gut leben konnten, die Kulturschaffenden auf jeden Fall.

Einmal haben die SPÖ-Jugendorganisationen sogar ein zum Abbruch vorgesehenes Haus besetzt, im 5. Bezirk in der Margaretenstraße. Das war eine sehr interessante Geschichte und sie war ganz gut organisiert. Renate Brauner war als Wiener VSStÖ-Vorsitzende dabei, der spätere

Bundeskanzler Werner Faymann als Wiener SJ-Obmann, ich war Chef der Wiener JG.

Wir haben das Haus um vier oder fünf Uhr morgens besetzt, als es gerade hell geworden ist. Gleich danach bin ich zu einer Bezirksausschusstagung der Ottakringer SPÖ gefahren. Dort waren die Meinungen über unsere Hausbesetzung sehr geteilt. Der Ottakringer Bezirksobmann Hubert Pfoch war ja auch Wohnbaustadtrat und als solcher natürlich gegen Immobilienspekulation. Das stand auch in jedem Programm und in jedem diesbezüglichen Parteitagsbeschluss. Inhaltlich konnte man uns also nichts vorwerfen. Aber gleich eine Hausbesetzung durch Organisationen der SPÖ? Hubert Pfoch hat gemeint: „Wenn das jetzt Schule macht, was ist dann?" Ich habe gesagt: „Ich glaube nicht, dass das Schule macht, aber es ist ein öffentliches Zeichen gesetzt worden, dass die Sozialdemokraten gegen die Spekulation mit Wohnhäusern sind, und das war uns heute früh wichtig."

Allerdings muss ich zugeben: Es war eher ein Medienereignis, das habe ich dem Chef der anrückenden Staatspolizei auch mitgeteilt. Zu Mittag war die Hausbesetzung wieder beendet, aber sie hatte ein tolles Medienecho. Eine deutsche Zeitung hat geätzt: „Jetzt machen sogar schon die zahmen Jusos Hausbesetzungen!"

In der Frage der friedlichen Nutzung der Kernkraft, also der Inbetriebnahme des Kernkraftwerks in Zwentendorf, hatten wir natürlich ebenfalls eine andere Meinung als die Parteispitze. „Sozialisten gegen AKW" hieß die Gruppe, der wir uns in der Anti-AKW-Bewegung anschlossen.

Nun war die SPÖ Ottakring eine stark von Gewerkschaftern geprägte Bezirksorganisation und wir als Jugendvertreter standen mit unserer Meinung, Zwentendorf solle eingemottet werden, ziemlich einsam da. Der ÖGB war schließlich eine der Trägerorganisationen der Pro-Zwentendorf-Kampagne. Die Konflikte wurden ziemlich lautstark ausgetragen, aber nicht besonders administrativ, das heißt, man hat keine ernsthaften Sanktionen gesetzt.

Im Vorfeld der Volksabstimmung im November 1978 wurde natürlich heftig agitiert. Die SPÖ und der ÖGB haben für „Ja zu Zwentendorf" geworben und wir „Sozialisten gegen AKW" haben eben „Nein zu Zwentendorf" plakatiert. Ich war damals schon mit dem Studium fertig und hatte einen blauen VW-Käfer, der eine gewisse Legende wurde, weil er von hinten wie eine rot-grüne Litfaßsäule aussah, so viele Pickerl waren daran aufgeklebt. In ihm haben wir bei unseren nächtlichen Aktionen unsere Plakate und die Kleisterkübel transportiert.

In Ottakring gab es aber eine parteiinterne Ordnertruppe, die vom Bezirksparteisekretär den Auftrag bekommen hatte, unsere Plakataktionen zu unterbinden. Also ersannen wir einen Trick: Ich bin allein mit meinem Litfaßsäulen-VW den Wilhelminenberg hinaufgefahren und oben ziellos herumgekreuzt. Die Überwacher waren natürlich ständig hinter mir her. In der Zwischenzeit haben die Freunde im unteren Bezirksteil von Ottakring die Plakate der „Sozialisten gegen AKW" affichiert. Dann bin ich hinuntergefahren, die Truppe immer noch hinter mir her, und unsere Leute sind den Wilhelminenberg hinaufgefahren und haben oben plakatiert.

Am nächsten Tag war der Bezirk mit Plakaten der „Sozialisten gegen AKW" übersät und der Bezirksparteisekretär hat seine Ordner erbost gerügt. Und uns natürlich auch.

Am folgenden Sonntag gab es dann die Abstimmung und sie ist knapp, aber doch gegen die Inbetriebnahme des Kernkraftwerks Zwentendorf ausgegangen. Das wurde natürlich gerade in einem von der Gewerkschaft stark beeinflussten Bezirk wie Ottakring als schlimme Niederlage empfunden. Aber es gab keine Sanktionen gegen uns.

Offensichtlich hatte man auch in der Wiener SPÖ nicht zu einer vernünftigen Analyse dieses Volksabstimmungs-Ergebnisses gefunden. Man hat sich dann darauf geeinigt, die depperte ÖVP sei schuld, weil sie gegen den Rat der Industriellenvereinigung gegen Zwentendorf agitiert hatte, um Bruno Kreisky zu schaden, der ja sein politisches Schicksal mit dieser Frage verknüpft hatte. Deshalb hätten wir das jetzt verloren.

Man hat nicht im Entferntesten den Hintergrund dieser Entscheidung kapiert, man hat nicht gesehen, dass das ein Resultat einer generellen gesellschaftlichen Entwicklung war. Man hat nicht verstanden, dass der Begriff „Fortschritt" von immer mehr Menschen anders verstanden wurde als von der Wiederaufbau-Generation.

Und Kreisky ist nicht zurückgetreten, sondern hat von der Partei sogar eine „Sondervollmacht" bekommen. Was das bedeutete, wusste niemand.

Am schnellsten hat nach der Abstimmung Heinz Fischer reagiert, damals SPÖ-Klubobmann im Parlament. Im kleinen Kreis und natürlich in Absprache mit Bruno

Kreisky wurde ein AKW-Verbotsgesetz entworfen und im Nationalrat eingebracht. Es gilt bis heute. Heinz Fischer war immer ein Fundamentaldemokrat: Wenn das Volk so entschieden hat, dann ist das so.

Es hat noch ein paar Auseinandersetzungen gegeben, dennoch haben wir als Konsequenz aus dem Ergebnis eine neue Initiative, die „Rot-grüne Plattform", gegründet. Hauptakteure waren der frühere Chefredakteur der „Arbeiter Zeitung" Paul Blau und SJ-Obmann Josef Cap. Beide wurden daraufhin vor den Parteivorstand zitiert. Mit dem verdienstvollen Paul Blau traute man sich nicht so harsch umzugehen wie mit Cap und den Vertretern der anderen Jugendorganisationen. Also ist in der Bundes-SPÖ als Zeichen guten Willens ein ökologischer Arbeitskreis unter der Führung von Gesundheitsminister Kurt Steyrer eingesetzt worden. Damit hat die Ökologiediskussion eine formale Implementierung bekommen – wenngleich eine von der Parteispitze leicht kontrollierbare.

Trotz dieser Versuche, neue Ideen zu integrieren, war zu dieser Zeit bereits klar, dass die SPÖ das gesamte Spektrum links der Mitte nicht mehr zusammenhalten kann. Es sind nun immer stärkere außerparlamentarische Bewegungen entstanden: die Friedensbewegung, die Ökobewegung, auch die Frauenbewegung hat einen neuen Schub bekommen. Das Erstarken dieser Initiativen war natürlich das Resultat von neuen gesellschaftlichen Bedingungen, die die SPÖ ihr Quasimonopol links der Mitte verlieren ließen.

Die Jugendorganisationen der SPÖ waren zwar überall durchaus akzeptierte Partner – in der Friedensbewegung, in der Ökologiebewegung, in der Anti-AKW-Bewegung –, aber das galt nicht für die ganze Partei. Was ursächlich auch damit zusammenhängt, dass die SPÖ, repräsentiert durch die Bundesregierung, der natürliche Reibebaum, der Widerpart dieser Bewegungen war.

Ganz klar lässt sich das im Fall der Friedensbewegung demonstrieren: Bruno Kreisky hat sich nie negativ zum NATO-Doppelbeschluss geäußert, wie auch die SPÖ insgesamt nicht. Kreisky war ein „Atlantiker". Er hatte einen einzigen Konfliktpunkt mit dem atlantischen Bündnis, das war die Frage des Verhältnisses zu den Palästinensern und zu Israel. Aber in der Auseinandersetzung mit der Sowjetunion und im Tauziehen um die NATO-Nachrüstung, also die Stationierung von Pershing-Mittelstreckenraketen in Mitteleuropa, war er durchaus aufseiten der NATO, obwohl er ja ein wichtiger Mitkonstrukteur des Staatsvertrags und damit der Neutralität war.

Wir waren natürlich gegen die Nachrüstung und sind, wie die deutschen Jusos, mit unseren Übervätern in Konflikt gekommen. So wie Kreisky war ja auch Willy Brandt für den NATO-Doppelbeschluss.

Wenn es in diesem schönen alten Arbeiterlied heißt, „Mit uns zieht die neue Zeit" – die Sozialdemokratie ist in diesen Fragen nicht mit der neuen Zeit gezogen. Die Ökologiebewegung, die Friedensbewegung, die bei den jungen Leuten ein ganz großes Thema waren, blieben ihr über weite Strecken fremd.

Im Jahr der AKW-Volksabstimmung, also 1978, geschah in Wien etwas Sonderbares: Die in Wien eher unscheinbare ÖVP erstarkte maßgeblich und erreichte bei den Wiener Landtagswahlen unter ihrem neuen Vorsitzenden Erhard Busek fast 34 Prozent. Zu einem guten Teil gingen diese Zugewinne auf Kosten der SPÖ.

Was hatte die Wiener SPÖ da übersehen?

Nun, Erhard Busek war überaus flexibel. Mit seinen „bunten Vögeln" war die verschlafene Wiener ÖVP plötzlich ein Auffangbecken für bürgerliche, intellektuelle Grüne geworden. Und Busek brach lustvoll Tabus. Er machte etwa den Schriftsteller Jörg Mauthe zum Stadtrat, einen Freimaurer, das war nicht selbstverständlich in der Volkspartei. Busek hat also eine mutige Öffnung seiner Partei gewagt und wurde dafür bei den Wahlen reichlich belohnt.

Die SPÖ hatte übersehen, dass man mit einer braven, konventionellen Politik, mit Sozialdemokratie alten Zuschnitts, ja selbst mit einem interessanten und beliebten Bürgermeister – damals war das noch Leopold Gratz – nicht mehr die Massen von früher mobilisieren konnte. Gratz hatte bei der vorangegangenen Wahl, also 1973, für die SPÖ fast eine Zweidrittelmehrheit eingefahren.

Aber nun war die traditionell schwache Wiener ÖVP plötzlich ein ernst zu nehmender Gegner. Bei der nächsten Wahl, 1983, zeigte sich das abermals: Wieder verlor die SPÖ ein wenig, wieder holte Busek für seine Partei ein Rekordergebnis.

ZEITENWENDE
IN DER SPÖ

D ieses Jahr 1983 war eine Zäsur. Die SPÖ hatte bei den Nationalratswahlen die absolute Mehrheit verloren, Kreisky zog sich zurück, fädelte aber noch die Koalition mit der FPÖ ein.

Auch für mich persönlich war das Jahr 1983 ein Einschnitt: Ich bekam ein Mandat im Wiener Landtag. Gleichzeitig zogen meine Freunde aus der VSStÖ-Zeit, Gitti Ederer und Josef Cap, in den Nationalrat ein, Cap mit einer Vorzugsstimmen-Kampagne, weil er auf keinen sicheren Listenplatz gesetzt worden war.

Ich schied etwa gleichzeitig mit meinem Einzug in den Landtag als Vorsitzender der Wiener JG aus. Es gab zwar den Plan, ich könnte noch Bundesvorsitzender der Jungen Generation werden, aber das wollte ich nicht.

Nach drei Monaten im Wiener Landtag beriet ich mich mit meinen Freunden im Naturhistorischen Museum. Ich sagte, ich könne nicht gleichzeitig ernsthafter Wissenschaftler und ernsthafter Politiker sein. Das sei vom Zeitaufwand her nicht möglich. Außerdem gab es im Museum einen fachlich ausgezeichneten Kollegen, der meine Stelle übernehmen konnte. Ich ließ mich also nach dem Dienstrecht karenzieren. Karenzierung bedeutet eine Dienstfreistellung ohne Bezüge, aber mit Rückkehrrecht, wenn auch nicht in dieselbe Position. Ich wusste ja nicht, ob ich nach der nächsten Wahl in fünf Jahren wieder ein Mandat bekomme. Wäre das nicht der Fall gewesen, wäre ich ins Naturhistorische Museum zurückgekehrt.

Wenige Monate nach meinem Einzug ins Stadtparlament begann das Tauziehen um das geplante Donaukraftwerk bei Hainburg. SPÖ und Gewerkschaft waren eindeutig auf der Seite des Verbundkonzerns, des Bauherrn und künftigen Betreibers. Der niederösterreichische Umwelt-Landesrat, er kam von der SPÖ, hatte den positiven Naturschutz-Bescheid erlassen.

Ich war zu diesem Zeitpunkt nicht mehr Wiener JG-Vorsitzender, aber ich verfasste eine fünfseitige Expertise für den JG-Vorstand mit einer Empfehlung für eine Position. Ich war nicht grundsätzlich gegen Wasserkraft, ich befürwortete sie sogar, sprach mich in meiner Stellungnahme aber gegen das Projekt bei Hainburg aus. Diese Position erlaubte es mir, wenige Jahre später für die Staustufe Wien zu sein.

Warum gegen Hainburg, aber für die Staustufe Wien?

Die Donau bei Wien war schon damals „Natur aus zweiter Hand", wie der Biologe Bernd Lötsch, eine maßgebliche Größe in der Hainburg-Debatte, das genannt hat.

„Natur aus zweiter Hand" deshalb, weil die Donau im Bereich der Hauptstadt ja schon im 19. Jahrhundert begradigt worden war. Hier mussten für das Kraftwerk keine Auwälder gefällt werden, es gab ein breites Überschwemmungsgebiet, es gab verlassene Lagerhäuser, Reste von während des letzten Kriegs errichteten Baracken und rostenden Boots-Anlegestellen. Das Donauufer war in diesem Gebiet unweit des Praters ein Schandfleck der Stadt.

In Hainburg war das anders.

Ich war also in der Frage des Baus des Donaukraftwerks Hainburg ganz anderer Meinung als die Mehrheit in meiner Partei und auch in meiner Gemeinderatsfraktion.

Damals war der spätere Finanzstadtrat und nachmalige Finanzminister Rudi Edlinger Klubobmann im Rathaus. Rudi war einer meiner ältesten Freunde in der Partei, er ist inzwischen leider verstorben.

Ich bin also zu Edlinger gegangen und habe gesagt: „Du, ich sehe das mit Hainburg anders als die Mehrheit hier." Er hat gemeint: „Täte mich ja auch wundern, wenn du einmal etwas genauso siehst." Sage ich: „Ja, mit meiner nun schon 15-jährigen Berufserfahrung als Biologe könnte ich dir das durchargumentieren. Aber das wird dich nicht interessieren. Dich interessiert die Politik dabei, was ich nachvollziehen und verstehen kann. Aber ich bitte dich, wir kennen uns ja ewig, glaub mir, ich weiß, was ich inhaltlich vertrete." Sagt er: „Gut, wenn du mir jetzt diese lange Biologie-Erklärung ersparst, okay. Aber mach keinen Wirbel!" Sage ich: „Was verstehst du unter Wirbel?!" „Na ja, halt keine Rede im Gemeinderat gegen

Hainburg." Sage ich: „Entschuldige, Reden teilst eh du als Klubobmann ein. Ich weiß ja auch, was Disziplin heißt. Aber ich sage dir gleich: Ich habe für die JG eine Stellungnahme verfasst, die sie sicher den Zeitungen zuspielen wird. Und diese Stellungnahme spricht sich im Endeffekt für Wasserkraftwerke, aber gegen dieses konkrete Projekt Hainburg aus. Mit einer für ein politisches Gutachten ewig langen Begründung."

Das wurde akzeptiert und tags darauf wurde die Stellungnahme tatsächlich in der „Kronen Zeitung" veröffentlicht, die ebenfalls heftig gegen den Bau des Kraftwerks war. Dann kam bekanntlich der von Bundeskanzler Sinowatz ausgerufene Weihnachtsfrieden, der im Prinzip bis heute andauert: Das Projekt Hainburg war damit sanft entschlafen.

Im Hainburg-Jahr 1984 gab es aber noch ein anderes, besonders für Wien einschneidendes Ereignis: Bürgermeister Leopold Gratz und seine Vizebürgermeisterin Gertrude Fröhlich-Sandner wechselten in die Bundesregierung. Gratz hatte in den Umfragen trotz seiner Wahlniederlage immer noch gute Persönlichkeitswerte, aber damit allein ließen sich die Verluste der SPÖ bei Landtagswahlen nicht aufhalten. Er war jetzt zehn Jahre im Amt und hatte das Gefühl, es sei Zeit für einen Wechsel. Außerdem war nun sein enger persönlicher Freund Fred Sinowatz Bundeskanzler. Sinowatz berief Gratz auf dessen Wunsch hin ins Außenministerium.

Damit war der Bürgermeistersessel vakant und es gab bald mehrere Interessenten für diesen Job, womit Turbulenzen garantiert waren.

Der logische Plan war, dass es einfach einen Funktionswechsel gibt: Gratz wird Außenminister, der amtierende Außenminister Erwin Lanc wird Bürgermeister. Das hatte insofern eine gewisse Logik, als Lanc als Bezirksobmann der SPÖ Margareten seit vielen Jahren fest in der Wiener Partei verankert war. Sowohl das Präsidium als auch der Vorstand der Wiener SPÖ sprachen sich daher für Erwin Lanc als Bürgermeister aus.

Der entscheidende Wiener Ausschuss der SPÖ, das größte Gremium, das die Letztentscheidung zu treffen hatte, sah das anders. Es gab ja noch einen zweiten Kandidaten, den damaligen Unterrichtsminister Helmut Zilk, der statutengemäß von jemandem, der im Parteipräsidium saß, dem Wiener Ausschuss vorgeschlagen worden war: von Hans Mayr, der wenige Jahre später Parteiobmann wurde.

Über die Kandidaten wurde im Wiener Ausschuss nicht offen diskutiert. Es wurde auch keine Kritik an Erwin Lanc geübt, sondern jemand hat einfach eine geheime Abstimmung verlangt. Wer das war, weiß ich nicht mehr.

Zu diesem Zeitpunkt sind der neben mir sitzende SJ-Obmann Werner Faymann und ich hellhörig geworden. Im Wiener Ausschuss durften wir ja als Jugendvertreter dabeisitzen, aber wir waren nur kooptiert und hatten kein Stimmrecht.

Später habe ich herausgefunden, dass bei dieser Abstimmung zum Teil noch uralte Konflikte aus den Nachkriegsjahren ausgetragen wurden. Erwin Lanc gehörte damals mit einigen anderen dem linken Flügel der Sozialistischen Jugend an und hatte aus dieser Zeit immer noch Widersacher. Ich hielt es nicht für möglich, dass solche Dinge so lange eine Rolle spielen, und habe erst jetzt begriffen, welch kollektives Elefantengedächtnis es in der SPÖ gibt. Ich habe das bald danach noch einmal erlebt: Wir saßen bei einer Veranstaltung der Kinderfreunde in Ottakring und haben Würstel gegessen. Es herrschte eine entspannte Stimmung, als plötzlich ein heftiger Disput zwischen zwei wichtigen Proponenten der Partei ausbrach: Bezirksvorsteher Alfred Barton und Bezirksparteiobmann und Vizebürgermeister Hubert Pfoch hatten noch einmal die Olah-Affäre exhumiert, die damals auch schon zwei Jahrzehnte zurücklag, und waren einander darüber heftig in die schütteren Haare geraten.

Zilks Wahl zum Bürgermeister war jedenfalls für uns Jüngere eine Überraschung.

Viele im Wiener Ausschuss, die für ihn gestimmt haben, werden wohl angenommen haben, mit Zilk habe die SPÖ ein besseres Verhältnis zu den Medien, zum ORF und vor allem zur „Kronen Zeitung". Mit Zilk werde man daher eher eine Wahl gewinnen als mit Lanc, und schließlich saßen ja auch die meisten Mitglieder des Wiener Ausschusses auf einem Mandat. Und man sollte in der Politik nie die persönlichen Interessenlagen unterschätzen.

Viele dieser Funktionäre waren davon überzeugt, dass Zilk die bessere personelle Antwort auf Erhard Busek sei als Erwin Lanc, was bei all meiner großen Sympathie und Hochachtung für Erwin Lanc möglicherweise keine ganz falsche Überlegung war. Ich weiß nicht, ob Erwin Lanc, der mit seriöser, sozialdemokratischer Politik dem frühen Populisten Busek Widerstand leisten wollte, entsprechenden Erfolg gehabt hätte. Es ist im Prinzip heute auch vollkommen müßig, darüber Vermutungen anzustellen, weil mit der Entscheidung für Helmut Zilk letztendlich der Anfang vom Ende des Glanzes und der Gloria Erhard Buseks gekommen war.

Die Jugendorganisationen, vor allem die SJ, waren mehrheitlich für Erwin Lanc gewesen. Josef Cap hatte als Bundesobmann der SJ am Parteitag eine Brandrede gegen Helmut Zilk gehalten, aber das blieb völlig folgenlos, außer dass sich Helmut Zilk das natürlich gemerkt hat und Cap bis zuletzt nicht ausstehen konnte.

Bei der nächsten Landtagswahl, jener von 1987, konnte Zilk mit fast 55 Prozent das Ergebnis der vorigen Wahl einigermaßen halten, die Busek-ÖVP verlor schwer und die Grünen schafften mit 5,2 Prozent erstmals den Einzug in den Wiener Gemeinderat.

Spitzenkandidat der Grünen war Peter Pilz, an dessen Ausschluss aus dem VSStÖ etwa zehn Jahre zuvor ich maßgeblich mitgewirkt hatte. Es war damals ein Fehler gewesen, dass wir gleichzeitig mit Pilz auch Robert Wiesner und Sigi Mattl ausgeschlossen haben, mit beiden habe ich mich später ausgesprochen. Mit Mattl, einem großartigen Zeithistoriker, habe ich dann im „Verein für die Geschichte der Arbeiterbewegung" zusammengearbeitet.

Mit Pilz war das ein wenig anders, dicke Freunde sind wir nicht mehr geworden.

Einmal sind wir im Gemeinderat ordentlich zusammengekracht, da war ich schon Stadtrat. Er hat mir in der

Fragestunde irgendeine Frage gestellt und ich habe die Antwort leicht verblödelt, um der Sache etwas die Schärfe zu nehmen. Daraufhin ist er hochgefahren und hat gesagt: „Das ist eine Fragestunde und keine Witzstunde." Ich habe erwidert: „Das sagst ausgerechnet du, der alles und jedes zerblödelt, dem nichts heilig ist. Der, wenn sich ihm irgendwie die Chance dafür bietet, über alles mit seinem Zynismus herfällt. Hör bitte auf, ein Heuchler zu sein."

Das bestimmende innenpolitische Thema dieser Zeit war die Wahl Kurt Waldheims zum Bundespräsidenten. Im Wahlkampf war bekannt geworden, dass er einen Teil seiner Wehrmachts-Zeit in seiner Biografie verschwiegen hatte; bei Recherchen stellte sich heraus, dass er diese Jahre bei Einheiten in Regionen verbracht hatte, wo es immer wieder zu Kriegsverbrechen und Judenverfolgung gekommen war.

Bei der Wahl hat ihm das nicht geschadet: Waldheim schlug mit fast 54 Prozent den tapfer kämpfenden Gesundheitsminister Kurt Steyrer recht deutlich. Der Umstand, dass dieser Umgang mit der Vergangenheit eine klare Mehrheit der Wähler nicht nachhaltig störte, führte zu einer gravierenden Diskursänderung: Erstmals seit 1945 wurde nun eingehend über Österreichs Anteil an den Schrecken der Nazizeit diskutiert, was schließlich 1991 in der legendären Rede von Bundeskanzler Franz Vranitzky im Nationalrat mündete, in der er als erster hochrangiger Politiker die Mitschuld unserer Landsleute anerkannte.

Ich hatte in diesem Jahr 1986 keine Funktion, die mir im Präsidentschaftswahlkampf eine Rolle zugeteilt hätte.

Mit Kurt Waldheim habe ich erst einige Jahre später näher zu tun gehabt.

Der Bundespräsident wollte damals unbedingt die Feuerwache Döbling besuchen, die Präsidentenvilla auf der Hohen Warte lag schließlich in diesem Bezirk. Als zuständiger Stadtrat sollte ich ihn dort empfangen. Da ich schon früher eintraf als der Bundespräsident, hatte ich noch Zeit, mich umzusehen, und erblickte zu meinem Entsetzen eine originelle „Bastelarbeit" der Feuerwehrmänner: Sie hatten Alfred Hrdlickas Holzpferd, das die Waldheim-Gegner bei jeder Demo aufstellten, einige Nummern kleiner nachgebaut. Obwohl ich diese Idee durchaus originell fand, musste das Pferd dennoch vor dem Eintreffen Waldheims verborgen werden.

DER SCHWERE ABSCHIED VON DER WISSENSCHAFT

Bevor ich im Jänner 1988, also vier Jahre nach meinem Einzug in den Gemeinderat, Umweltstadtrat wurde, war ich Vorsitzender des Gemeinderatsausschusses für Umwelt.

Eines Tages sagte Helmut Zilk zu mir: „Ich brauch dich jetzt als Stadtrat." Ich habe ihm erwidert, ich sei im Museum ja nur karenziert und würde noch immer ins Auge fassen, nach der Politik in meinen Wissenschaftler-Beruf zurückzukehren. Sagt er: „Ich brauche dich jetzt als Stadtrat, deine depperten Frösch' kannst später auch zählen." Das war einerseits ganz witzig, auf der anderen Seite war ich schon etwas verschnupft, weil es eine gewisse Respektlosigkeit meinem Beruf und meiner Ausbildung gegenüber war. Emotionell war der Satz für mich ambivalent.

Aber mir war klar, dass ich nicht Nein sagen konnte. Das war ja keine Frage, ob ich den Job möchte, das war

Bürgermeister Helmut Zilk machte Michael Häupl zum Umweltstadtrat

ein Einberufungsbefehl. Ab diesem Zeitpunkt war klar, dass ich meine wissenschaftliche Arbeit nicht nur kurzfristig, wegen einiger Jahre in der Politik, unterbrochen habe. Das war ein Abschied. Und ich war ja immerhin wissenschaftlicher Beamter der Republik Österreich. Hätte es mit der Politik nicht geklappt, wäre die Dienstfreistellung aufgehoben worden und ich wäre zurück ins Museum gegangen. Was sie dort mit mir gemacht hätten, weiß ich allerdings nicht. Aber mit meiner Bestellung zum Umweltstadtrat war das ohnehin alles obsolet.

Dieses theoretische Auffangnetz ist natürlich ein Privileg der Beamten/Politiker und der Grund dafür, dass überproportional viele Menschen aus dem öffentlichen Dienst, aus Kammern oder aus Parteisekretariaten in die Politik gehen – sie können im Fall der Fälle dorthin zurückkehren. Leute aus der Wirtschaft sind leider stark unterrepräsentiert, noch weniger können diesen Schritt Arbeitnehmer riskieren, sofern sie nicht aus einer Arbeitnehmer-Vertretungsfunktionen kommen, also etwa aus der Personalvertretung oder einem Betriebsrat.

Meine Zeit als Umweltstadtrat war eine Zeit des Lernens und eine großartige Zeit des politischen Gestaltens. Inhaltlich waren die Ziele dieser stadtökologischen Politik auf viele Themen fokussiert, etwa den Schutz und die Neuschaffung von Grünräumen, die völlige Neuorientierung der Abfallbewirtschaftung, den Ausbau der Abwasserentsorgung und vieles andere mehr. Politisch am herausforderndsten waren die Auseinandersetzung um die Müllverbrennungsanlagen und das Donaukraftwerk Freudenau.

Beim Donaukraftwerk war letztlich 1991 in der Volksbefragung messbar, wie wirksam unsere Argumentation war: 72,6 Prozent sprachen sich für die „Staustufe Wien" aus. Die gleichzeitig abgehaltene Volksbefragung zur Weltausstellung Wien-Budapest ging mit nur 35 Prozent Zustimmung negativ aus – nicht zuletzt deshalb, weil dieser Idee der systemüberschreitenden Zusammenarbeit durch den Zusammenbruch der kommunistischen Diktaturen die Grundlage entzogen wurde. Aber sicher war dies auch ein Signal der Wienerinnen und Wiener, dass sie Großveranstaltungen in unserer Stadt nicht mochten – ein Signal, das ich nicht besonders liebte, trägt es doch den Hauch der Provinzialität.

Der Wechsel von der Gemeinderatsbank in die Stadtregierung war nicht nur inhaltlich, sondern auch emotional enorm lehrreich. Das Wichtigste war für mich die

Zusammenarbeit zwischen Politik und Verwaltung. Jeder soll die Aufgaben und die Verantwortung wahrnehmen, für die er berufen wurde. Der Politiker soll nicht „Oberbeamter" spielen und der Beamte soll nicht auf Politiker machen. Ich habe daher nur die Ziele unserer Arbeit formuliert, die Erreichung dieser Ziele war die Aufgabe der beauftragten Fachleute.

Manchmal lief das auch sehr „wienerisch": Bürgermeister Zilk wurde eines Tages informiert, dass das städtische Weingut am Cobenzl in Döbling „rote Zahlen" schrieb. Er gab mir daher den Auftrag, das Weingut zu „privatisieren", und zwar mit der Begründung: „Das führen eines Weingutes ist keine genuine Aufgabe einer Stadt." Das war vor dem Hintergrund der erbärmlichen Verfassung und der wirtschaftlichen Probleme des Objekts eine nicht unberechtigte Position. Meine Antwort war: „Angesichts des Zustands des Weinguts und der Weingärten könnten wir es praktisch nur verschenken. Lass es mich noch einmal versuchen, wenn es nicht klappt, reden wir noch einmal übers Verkaufen."

Ich bestellte also einen jungen Absolventen der Klosterneuburger Weinbauschule zum Leiter, der sich neue engagierte Mitarbeiter holte. Und ich versicherte mich der Unterstützung des Chefs der Wiener Winzer Franz Mayer („Mayer am Pfarrplatz"). Das war der Beginn einer wunderbaren, sehr persönlichen und für den Wiener Wein sehr fruchtbaren Freundschaft. Das Experiment gelang und Hans Mayr, unser mächtiger Finanzstadtrat, entschied mit den Worten „Familiensilber verkaufen wir nicht" für den Weiterverbleib des Weinguts im städtischen Besitz.

Umweltstadtrat Häupl und Bürgermeister Zilk bei der
Grundsteinlegung für den Wasserbehälter Bisamberg, 1993

Heute sind alle sehr zufrieden damit. Helmut Zilk konnte
sich mit dieser Entscheidung leichter abfinden, weil er
wusste, dass sein alter Freund und langjähriger Bürgermeister von Jerusalem, Teddy Kollek, in der Zwischenkriegszeit Lehrling in diesem Weingut gewesen war.

Dieses Beispiel zeigt: Es waren wirklich anstrengende,
lehrreiche, aber bei manchen Themen auch wunderbare
Jahre, die ich als Umweltstadtrat verbrachte.

Ein Teil dieser wunderbaren Jahre war meine Verehreli-
chung mit Helga Seitz und die Geburt meines Sohnes
Bernhard 1989, der sich später, im Lauf seines Studiums,
in der SJ engagierte und Jugendkoordinator der Wiener
SPÖ wurde. Seine berufliche Zukunft suchte er allerdings
nicht in der Politik, er betreibt heute eine Firma für
Entertainment-Technik.

DER AUFSTIEG DES RECHTSPOPULISMUS IN ÖSTERREICH – UND MEINER IN DER WIENER SPÖ

I n diese Zeit fiel der Beginn des rasanten und dramatischen Aufstiegs des Rechtspopulismus in Österreich, verkörpert durch Jörg Haider. Er war im Herbst 1986 auf einem putschartigen Parteitag in Innsbruck zum neuen Vorsitzenden der FPÖ gewählt worden und hatte seiner bei katastrophalen Umfragewerten grundelnden Partei rasch neues Leben eingehaucht. Zuerst nahm die neue Haider-FPÖ bei Landtagswahlen in verschiedenen Bundesländern vor allem der ÖVP Stimmen weg. Ab Beginn der 1990er-Jahre verlor auch die SPÖ bei Wahlen direkt an die Freiheitlichen – noch wenige Jahre zuvor war das unvorstellbar gewesen.

Folgerichtig verlor auch die SPÖ mit Bürgermeister Helmut Zilk als Spitzenkandidat bei den Wiener Landtagswahlen von 1991 fast 8 Prozentpunkte. Die FPÖ, die bis dahin in Wien keine Rolle gespielt hatte, wurde mit

22,6 Prozent zweitstärkste Partei vor der schwer gebeutelten ÖVP, die nur noch auf 18 Prozent kam.

Natürlich haben wir das in der Wiener SPÖ heftig diskutiert und die Meinungen waren sehr divers. Da gab es etwa die Position „Back to the roots": Wir müssten wieder viel mehr „Arbeiterpartei" sein, ohne dass die Vertreter dieser Meinung dazugesagt haben, was das eigentlich heißt. Bei den Vertretern dieser Position beherrschte der Mythos der Arbeiterklasse das Denken, ohne dass der Begriff „Arbeiterklasse" sinnvoll definiert wurde.

Beim verzweifelten Versuch, ein Rezept gegen den Rechtspopulismus zu finden, waren die Wiener und die österreichische Sozialdemokratie in Europa nicht allein. In Italien gab es mit den Faschisten, der Alleanza Nazionale, eine rechte Partei. Die Rechtpopulisten fanden sich bei der immer stärker werdenden Lega und natürlich auch bei Berlusconi. Die Sozialdemokraten waren in zwei Parteien gespalten und damit weitgehend handlungsunfähig.

In Frankreich waren die Rechten und Rechtspopulisten noch weit aggressiver als in Italien. Die Partei der Linken, der Arbeiter, wenn man diesen unscharfen Begriff verwenden will, war die eurokommunistisch orientierte KPF. Die französischen Sozialisten waren eher die Partei der mittleren und höheren Angestellten sowie der Intellektuellen. Aber auch diese beiden Links-der-Mitte-Parteien fanden keine Antwort auf das Erstarken der rechten Le-Pen-Bewegung Front National.

Wir haben also, wie bereits erwähnt, diesen rasanten Aufstieg der noch dazu weit nach rechts gerutschten FPÖ innerparteilich und in allen möglichen Gremien sehr kontroversiell diskutiert. Die einen waren der Auffassung, man müsse wieder mehr traditionelle SPÖ-Politik machen und damit in verschiedenen Fragen auf die FPÖ zuzugehen. Die anderen waren der Ansicht, die SPÖ müsse sich gegenüber der FPÖ hart abgrenzen und mit ihr eine Werte-Auseinandersetzung führen. Ich verhehle nicht, dass ich letztere Position vertreten habe, und das ist auch bis heute meine Meinung. Man kann solchen Bewegungen nur mit einer klaren Werthaltung entgegentreten: Achtung der Menschenrechte, der Frauenrechte, der Kinderrechte und der Minderheitenrechte, die Wahrung der Werte der Aufklärung.

Durchgesetzt hat sich in der Wiener SPÖ schließlich die Argumentation für eine Werte-Auseinandersetzung mit der FPÖ, eine Haltung, die, wie gesagt, auch ich unterstützt habe.

Aber die Position der anderen Seite war nicht unehrenhaft. Auch ihre Exponenten hatten nichts mit der Ideologie der FPÖ am Hut. Der Hauptvertreter dieser Strömung, der Simmeringer Parteiobmann Hans Hatzl, war ein lupenreiner Antifaschist. Er war keiner, der gemeint hat, man solle der FPÖ gegenüber nachgiebige politische Positionen vertreten. Man konnte ihm generell nicht vorwerfen, dass er übermäßige Toleranz gegenüber anderen Positionen als der sozialdemokratischen an den Tag gelegt hätte. Aber er war ein ganz klassischer Vertreter dessen, was man noch am ehesten als „Arbeiterklasse" bezeichnen kann. Aus kleinen Verhältnissen kommend, in Simmering aufgewachsen, Lehre als Waggonschlosser bei der Simmering-Graz-Pauker AG (SGP). Er und andere, die diese Position vertraten, glaubten eben, mit klassischen sozialdemokratischen Themen, etwa Arbeitsmarkt- und Sozialpolitik, könne man Haiders Freiheitlichen am ehesten den Wind aus den Segeln nehmen.

Daneben hat es in der Partei auch viele Positionen der Hilflosigkeit gegeben. Das muss in aller Offenheit zugegeben werden. Aber durchgesetzt hat sich am Ende des Tages die Strategie der Auseinandersetzung. Die verbale Auseinandersetzung mit der FPÖ hat bei diversen Veranstaltungen der Sozialdemokratie – egal, ob auf Märkten, Straßen, Plätzen oder in Konferenzen – den größten Beifall gefunden.

Besonders abstoßend war das Spiel Jörg Haiders mit dem Antisemitismus. „Wie kann jemand, der den Vornamen Ariel hat, so viel Dreck am Stecken haben", ätzte er im Wahlkampf gegen Ariel Muzicant, den Präsidenten der Israelitischen Kultusgemeinde. Dazu kamen seine antieuropäische Haltung und seine unnützen Attacken auf EU-Partner, etwa als er den französischen Staatspräsidenten Jacques Chirac später als „Westentaschen-Napoleon" bezeichnete.

Ich habe Jörg Haider gekannt, seit er Vorsitzender des Rings Freiheitlicher Jugend war, also seit den 1970er-Jahren. Er war Obmann beim RFJ und ich beim VSStÖ. Wir waren fast gleich alt und haben durch unsere Funktionen in den Jugendorganisationen unserer Parteien natürlich Kontakt gehabt, wenn auch spärlichen.

Wir haben unser ganzes politisches Leben lang miteinander gestritten, weil wir über weite Strecken völlig unterschiedlicher Meinung waren. Aber es war eine respektvolle Auseinandersetzung und sie war auch von einer gewissen Intellektualität getragen. Diese Attribute kann ich meinen Auseinandersetzungen mit seinem Nachfolger, dem Herrn Strache, nicht zuschreiben.

Es darf nicht übersehen werden, dass in diese Zeit auch der Fall des Eisernen Vorhangs und das Ende des sogenannten „Ostblocks" fällt, des von der Sowjetunion dominierten Bündnisses der in Mittel- und Osteuropa bestehenden kommunistischen Diktaturen. Das waren große und nachhaltige Umwälzungen, der Eiserne Vorhang lag ja nur 40 Kilometer östlich von Wien. Wir waren so etwas wie ein Appendix der demokratischen Welt.

Natürlich spielte damals im Zuge des Zerfalls des Ostblocks und Jugoslawiens zunehmend auch die Migrationsfrage eine Rolle, also die Frage: Wie geht man mit Flüchtlingen um?

Das Thema sollte uns auch noch Jahrzehnte später bewegen.

DER DORFBUA WIRD BÜRGERMEISTER

In diesen bewegten Jahren kamen der Bürgermeister und der Wiener SPÖ-Obmann, also Helmut Zilk und Hans Mayr, zur Auffassung, bei der nächsten Wahl, jener von 1997, nicht mehr kandidieren zu wollen und die Nachfolge in guter Zeit vor der Wahl zu regeln. Beide waren nicht mehr wirklich jung. Helmut Zilk war Jahrgang 1927, also 66, Hans Mayr ein Jahr jünger.

1993 war es so weit. Eines Tages hat mich Mayr in sein niederösterreichisches Feriendomizil im Tullnerfeld eingeladen. Wir haben dort gejausnet und plötzlich hat er mich gefragt, ob ich mir vorstellen kann, Wiener Parteiobmann zu werden. „Hans", habe ich gesagt, „du kennst meine Biografie. Ein niederösterreichischer Lehrerbua aus einem schwarzen Elternhaus, der in seiner Mittelschulzeit bei einer schlagenden Burschenschaft war. Ich meine ..." Daraufhin hat er gemeint: „Geh, hör auf, das

Neben Hans Mayr beim SPÖ-Landesparteitag 1993

ist ja alles tausend Jahre her, wen interessiert denn das noch?"

Ich war überrascht, weil ich mir einen Sohn aus einer schwarzen Familie in Niederösterreich – also nicht einmal ein gebürtiger Wiener! – wirklich nicht als Vorsitzenden der großen, traditionsreichen und sehr selbstbewussten Wiener Sozialdemokratie vorstellen konnte. Das kam ja einer „Revolution" gleich. Hans Hatzl, der ebenfalls für diese Funktion im Gespräch war, wäre eine viel organischere Lösung gewesen – ein Wiener Arbeiterkind aus der Vorstadt. Er wurde daher auch nicht nur von seinem eigenen Bezirk Simmering unterstützt.

Aber auch ich hatte Unterstützung, die über meinen politischen Heimatbezirk Ottakring hinausging. Alfred Barton, Bezirksvorsteher und Bezirksobmann von Ottakring, war der Auffassung: Wenn ein Ottakringer die Chance hat, Landesparteivorsitzender zu werden und dann natürlich auch Bürgermeister, dann soll er das auch werden.

Barton hat eine wesentliche Rolle in der Gewerkschaftsfraktion gespielt. Er war früher Hauptgruppenobmann in den E-Werken und hatte damit nicht nur in der Gewerkschaft der Gemeindebediensteten, sondern auch in der Gesamtgewerkschaft ein Wort mitzureden. Daher war auch die Gewerkschaft der Privatangestellten sehr früh für mich. Aus diesem Grund spielte die Frage Rand- oder Innenbezirk nicht so eine große Rolle. Überall dort, wo Gewerkschafter im Bezirk Einfluss hatten, hatte ich eine Mehrheit. Und wenn die Gewerkschafter etwas machen, ziehen sie das auch durch. Das ist eine disziplinierte Truppe.

Neben Hans Hatzl und mir war auch Franz Löschnak im Gespräch für diese Funktion, unterstützt wurde seine Kandidatur vom Bundesparteivorsitzenden Franz Vranitzky. Vranitzky wollte weder Hatzl noch mich. Mich hielt er für einen unberechenbaren Linken und Hatzl für einen Steinzeitsozialdemokraten, der eigentlich in einer Welt lebte, die in Europa 1989 untergegangen war. Aber Vranitzky hat die Wiener Partei verkannt. Selbst Bruno Kreisky hätte als Bundesparteivorsitzender einen Personalvorschlag in der Wiener SPÖ nicht durchgebracht, noch dazu jenen für den Parteivorsitz. Dafür ist das Selbstbewusstsein der Wiener Partei zu groß. Im Parteivorstand ist der Vorschlag Löschnak deshalb auch bald ausgeschieden. Er ist nur von dem einen oder anderen

Nationalrat, der auch Bezirksparteiobmann war, unterstützt worden, aber das war es schon.

Nun sind nur noch Hans Hatzl und ich übrig geblieben und diese Alternativen waren schon diskussionswürdig: Hatzls Eltern waren Straßenbahner, er hat bei der SGP Schlosser gelernt und diesen Beruf auch ausgeübt. Um wieder einmal den großen italienischen Theoretiker Antonio Gramsci zu zitieren: Man konnte ihn durchaus als einen „organischen Intellektuellen des Proletariats" bezeichnen. Er war wirklich ein Hackler, er entstammte, im Unterschied zu mir, dem genuinen Milieu der Sozialdemokratie. Aber klar war schon damals: Allein mit Stimmen der Arbeiter gewinnst du in einer Stadt wie Wien keine Wahlen mehr.

Zwischen meiner Wahl zum Wiener SPÖ-Vorsitzenden und meinem Amtsantritt als Bürgermeister lagen eineinhalb Jahre. Es wurde in dieser Übergangszeit auch diskutiert, ob es eine Ämtertrennung geben soll, wobei Planungsstadtrat Hannes Swoboda das Bürgermeisteramt hätte übernehmen sollen, aber diese Idee wurde bald aufgegeben.

Dass ich nicht glücklich war, dass der Bundesparteivorsitzende mich eigentlich nicht in dieser Funktion wollte, war klar. Auch Vranitzky war nicht glücklich, dass ich gegen seinen Wunsch Vorsitzender geworden bin, weil Wien schließlich die wichtigste Landesparteiorganisation der SPÖ ist. Aber wir sind beide professionell damit umgegangen.

Gelegentlich gab es inhaltliche Konflikte, etwa als es wieder einmal um die Finanzierung der Sozialversicherung ging. Ich habe im Parteipräsidium – ich war ja auch stellvertretender Bundesparteivorsitzender – vorgeschlagen, Arbeitgeber- und Arbeitnehmerbeiträge um je einen halben Prozentpunkt zu erhöhen. Das wollte er nicht, weil seiner Ansicht nach die Lohnnebenkosten dann zu hoch gewesen wären. Aber unser Verhältnis wurde immer besser. Spätestens ab dem Zeitpunkt, zu dem ich meine kompromisslose Haltung gegenüber der FPÖ und dem Rechtspopulismus politisch ausgelebt habe, sind wir uns nähergekommen, weil das auch ihm wichtig war.

Das war in der SPÖ ja keine ausgemachte Sache. Manche haben gemeint, diese „Ausgrenzung" Jörg Haiders und seiner Partei sei ein Fehler. Selbst Freunde, auch Landesparteivorsitzende in anderen Bundesländern, haben in dieser Frage nur aus Loyalität entweder zu mir oder zu Vranitzky stillgehalten. Hundertprozentig waren sie nicht unserer Meinung. Wobei ich wirklich „unsere Meinung" sagen kann. Bei diesem Thema hatten wir tatsächlich einen gemeinsamen Standpunkt. Es hat ihn 2015 sehr beeindruckt, dass ich mit meinem Haltungswahlkampf – gegen Ausländerfeindlichkeit und für Großzügigkeit in der damals aktuellen Flüchtlingskrise – nahezu 40 Prozent erreicht und die Freiheitlichen doch deutlich auf Distanz gehalten habe.

Ich habe 1993 bei der Abstimmung am Landesparteitag 83 Prozent der Delegiertenstimmen bekommen. Es gab eine Empfehlung des Parteivorstands und keine Kampfabstimmung. Der Parteivorstand hatte entschieden und das erkannte man an. Die Disziplin der Sozialdemokratie war ja damals nicht zu unterschätzen.

Ich habe dann, nicht zuletzt durch die Zusammenarbeit in der Stadtregierung, das sehr gute persönliche Verhältnis mit Johann Hatzl wiederhergestellt. Ich hatte ihn immer geschätzt, auch oder gerade weil wir aus vollkommen verschiedenen Welten kommen: ein Lehrerbub aus einem schwarzen Elternhaus in Niederösterreich mit einem sehr geradlinigen Bildungsweg auf der einen Seite; und auf der anderen das Arbeiterkind aus der Wiener Vorstadt mit einer Lehrlingsausbildung und einer nahtlosen, politischen Karriere, die in den Jugendorganisationen der SPÖ begann. Dieses Einander-Näherkommen war durchaus kein einfacher Prozess, aber ich hatte höchsten Respekt vor seiner Geradlinigkeit und seiner Authentizität. Es gab viele Themen, bei denen wir nicht einer Meinung waren. Wir mussten uns dann die Zeit nehmen, um inhaltlich einen Modus Vivendi zu finden. Aber das hat dann immer ganz gut funktioniert. Je älter wir geworden sind, umso persönlicher wurde das Verhältnis. Bei meinem zehnjährigen Parteivorsitzenden-Jubiläum bat sich Hans Hatzl aus, die Laudatio zu halten. Damals sagte er: „Michl, vor zehn Jahren waren wir Konkurrenten um den Job des Wiener Parteivorsitzenden. Heute, nach zehn Jahren, kann ich sagen: Die Partei hat gut entschieden." Das ist einfach Größe.

Als ich nach Hans Mayr Parteivorsitzender wurde, gab es also weiterhin eine Ämtertrennung: Ich war Wiener SPÖ-Vorsitzender, Helmut Zilk war Wiener Bürgermeister, aber es war klar, dass er in absehbarer Zeit aus Altersgründen abtreten würde. Es gab mehr als ein Jahr lang eigentlich sogar eine Dreifachbesetzung, Hans Mayr war ja immer noch Finanzstadtrat, respektierte aber meine Funktion als Parteivorsitzender.

Letztendlich hat es recht gut funktioniert, auch wenn es nicht immer leicht war. Mayr und Zilk waren mehr als 20 Jahre älter als ich, wesentliche Entscheidungen haben sie aber mit mir abgesprochen, etwa wer ORF-Landesintendant von Wien werden soll. In dieser Frage bedarf es ja der Zustimmung des Landeshauptmanns, im Fall Wiens also des Bürgermeisters. In Helmut Zilks Stamm-Wirtshaus, dem berühmten „Gustl Bauer", haben wir dann vereinbart, dass der aus der ÖVP kommende Gerhard Weis der beste Mann für diesen Job sei. Ohne Absprache mit der Partei wäre es nicht ganz so einfach gewesen, ausgerechnet in Wien einen „Schwarzen" zu bestellen. Man kann übrigens auch nicht behaupten, dass seine Nachfolgerin als Direktorin des Landesstudios Wien eine ausgewiesene Sozialdemokratin gewesen wäre. Brigitte Wolf war immerhin vier Jahre lang Büroleiterin von Gerd Bacher gewesen. Wir sind da etwas großzügiger als die ÖVP.

Ich habe in diesen ersten Monaten als Wiener SPÖ-Obmann innerparteilich zur Diskussion gestellt, ob die Ämter des Parteichefs und des Bürgermeisters weiterhin getrennt bleiben sollten. Das war mit Mayr und Zilk ja durchaus ein Erfolgsmodell gewesen und eine ähnliche Konstellation hatte es schon Ende der 1960er-Jahre gegeben, als Bruno Marek Bürgermeister und Felix Slavik Parteiobmann und Finanzstadtrat war. Der Finanzstadtrat ist in der Stadtregierung so etwas wie ein Primus inter Pares.

Aber Hans Mayr und Helmut Zilk – das war schon etwas Spezifisches. Viele Freunde sagten: Wie soll das gutgehen? Du als Parteiobmann bleibst Umweltstadtrat und Hannes Swoboda wird Bürgermeister? Am Ende des Tages wollte das kaum noch jemand. Hannes und ich setzten uns unter vier Augen zusammen und redeten das in einem sehr ordentlichen, freundschaftlichen Gespräch aus.

Als ich im November 1994 Bürgermeister wurde, habe ich dann rasch eine Entscheidung Zilks revidiert, die allerdings noch keine praktischen Folgen hatte. Er hatte gehört, dass die Taliban in Afghanistan nicht nur die legendären Kunstdenkmäler, sondern auch Wasserleitungen gesprengt hatten. Daraufhin ließ Zilk eine Gruppe Techniker der Wasserwerke der Stadt Wien unter Führung des Leiters des Quellschutzes der Zweiten Hochquellwasserleitung zusammenstellen, die nach Afghanistan reisen und die Leitungen wiederherstellen sollte. Ohne ein Spezialist in militärischen Fragen zu sein, hielt ich es für eine aberwitzige Idee, eine solche Truppe ohne Bedeckung ins Taliban-Gebiet zu schicken. Ich konnte mir nicht vorstellen, dass es einen größeren NATO-Verband geben würde, der die Wasserwerkler aus Wien entsprechend beschützt hätte. Meine erste Tat als Bürgermeister war es also, diese Amtshandlung sofort zu widerrufen. Die Truppe war ohnehin noch nicht abgereist.

Noch in den letzten Amtsmonaten Helmut Zilks hatte es im Dezember 1993 diesen schrecklichen Briefbomben-Anschlag auf ihn gegeben. Spätnachts riefen mich die Sicherheitsleute aus dem Rathaus an und informierten mich über das Attentat. Ich ließ mich sofort von meiner Wohnung abholen und traf mich mit Hans Mayr im AKH.

Helmut befand sich nach seiner ersten Operation gerade im Aufwachraum. Wir warteten und sahen dann, wie er vom Aufwachraum durch den Krankenhausgang ins Zimmer geführt wurde. Noch im AKH besprach ich mich mit Hans Mayr, wie wir uns die Kompetenzen aufteilen. Als Vizebürgermeister hatte er im Krankheitsfall des Bürgermeisters dessen Agenden zu übernehmen, das war ohnehin klar. Ich war Parteivorsitzender, also alles, was die Partei betraf, war meine Angelegenheit, aber da Zilk in der SPÖ keine Funktion hatte, änderte sich für mich nicht viel.

Auch fast drei Jahrzehnte später bin ich immer noch fassungslos darüber, wie lange dieser verhetzte Briefbomber Franz Fuchs das Land in Angst und Schrecken versetzen konnte, bis er endlich gefasst wurde.

Die Zusammenarbeit mit Hans Mayr war in dieser extremen Krisensituation jedenfalls sehr gut und sehr solidarisch. Helmut blieb wegen des Anschlags etwas länger im Amt, als ursprünglich geplant, aber das war völlig egal.

Am 7. November 1994 war dann die Bürgermeisterwahl im Rathaus. Neben den Stimmen der SPÖ bekam ich auch die Stimmen der meisten Abgeordneten der Grünen, obwohl das gar nicht abgesprochen war. Ich hatte als Umweltstadtrat natürlich immer Kontakte zu den Grünen gepflegt. Sie hatten die Abstimmung freigegeben, und bei meiner Wahl zum Bürgermeister waren sicher auch ein oder zwei ÖVP-Stimmen dabei. Peter Pilz hat mich wohl nicht gewählt und ich

Die Pressekonferenz zur Übergabe
des Bürgermeisteramts am 7. September 1994

konnte es ihm nicht verübeln. Ich hätte ihn auch nicht gewählt.

Ich habe damals mit etwas Wehmut auf meine Zeit als Umweltstadtrat zurückgeblickt. Es war eine Arbeit, die mir viel Freude gemacht hat, und wir haben viel von dem umgesetzt, was wir in dieser „Rot-grünen Plattform" an theoretischen Konzeptionen erarbeitet hatten. Ich hatte dabei immer die Unterstützung von Helmut Zilk, der ein hohes Verständnis für gesellschaftliche Umwälzungen hatte, ohne ein großer sozialistischer Theoretiker zu sein. Und Hans Mayr hat verstanden, dass ökologische Innovationen durchaus ökonomische Wirksamkeit haben können.

Mit der Abgasreinigung und damit der Ökologisierung der Müllverbrennung, mit Abfallvermeidung, getrenntem

Sammeln, Recycling, Wiederverwertung ist in diesen Jahren doch einiges gelungen. Viele dieser Dinge sind heute völlig selbstverständlich, damals waren sie es noch nicht. Und wer weiß schon, dass Wien von allen neun Bundesländern den geringsten CO_2-Ausstoß pro Kopf in Österreich hat?

Die Wasserversorgung war schon seit Bürgermeister Karl Lueger vorzüglich. Lueger kann man durchaus einiges vorwerfen, sein Antisemitismus war absolut widerlich. Aber als Bürgermeister hat er in Sachfragen Großartiges geleistet.

Mit Grünen wie Christoph Chorherr habe ich mich auch inhaltlich immer recht gut verstanden. Er ist ein urbaner Grüner aus bürgerlichem Milieu. Das war für ihn sicher nicht leicht, weil die Wiener Grünen bis heute sehr heterogen sind. Auf der einen Seite war Peter Pilz, mit trotzkistischen Anhängseln. Den Vater von Martin Margulies kannte ich gut. Er war bis 1968 kommunistischer Gewerkschafter, der wie viele andere nach der Invasion der Warschauer-Pakt-Staaten in der Tschechoslowakei aus der KPÖ austrat. Bei den Wiener Grünen fanden sich auch von mir hochgeschätzte Intellektuelle, etwa die Gruppe um die Zeitschrift „Tagebuch", die ursprünglich ebenfalls aus der KP kam. Der Unterschied zu den anderen Landesgruppen der Grünen war in Wien also der höhere Anteil an Linken.

Ein Wiener SPÖ-Bürgermeister musste sich in den 1990er-Jahren natürlich völlig anders positionieren als 20, 25 Jahre vorher. Damals hatte ein Kernschichtenprogramm genügt, aber die Gesellschaft hatte sich inzwischen massiv geändert. Ein Bürgermeister musste sich nun viel breiter aufstellen. Aber musste ich mich verstellen? Ein Journalist hat mich einmal gefragt: „Wie können Sie mit dem Fiaker-Image leben?" Ich hab ihm geantwortet: „Gut, weil das ein Teil von mir ist, es ist nicht das Ganze, aber es ist ein Teil, zu dem ich bis heute stehe."

Eine liebe Weggefährtin hat einmal gesagt: „Unser Bürgermeister kann in eine Arbeiterversammlung zu Siemens oder zu Donaukraft gehen und er reüssiert dort genauso wie bei einer Einladung von Universitätsprofessoren." Das war sehr lobend und hat mich so gefreut, dass ich mich bis heute daran erinnere.

Ich habe acht Jahre in der Wissenschaft gearbeitet, und eine naturwissenschaftliche Ausbildung und Tätigkeit prägt einen Menschen. Aber mich hat ebenso das Leben am Land, das Leben in einer Kleinstadt wie Krems und später das Leben im Arbeiterbezirk Ottakring geprägt. Die Vielschichtigkeit einer Biografie spiegelt sich in der Persönlichkeit wider. Das mag wohl auch ein Argument für viele in der Partei gewesen sein, der Empfehlung des Parteivorstands zu folgen und am Parteitag mich zu wählen. Sie haben das wohl – und hoffentlich! – nicht nur aus Disziplin gemacht.

Mein Vorgänger Helmut Zilk war natürlich eine ausgeprägte Medienpersönlichkeit, ich habe aber nie versucht, ihn auf diesem Gebiet zu imitieren. Einmal hat mich ein Journalist gefragt: „Wie werden Sie denn in die großen Schuhe Ihres Amtsvorgängers passen?" Ich habe ihm geantwortet: „Ich ziehe keine abgetretenen Bock' von anderen an, ich habe meine eigenen Schuhe." Das war natürlich sehr frech. Ich wollte dabei aber nicht respektlos sein, weder dem Frager gegenüber und schon gar nicht gegenüber Helmut Zilk. Er hat über diesen Sager auch herzlich gelacht. Nein, ich habe nie überlegt, wie ich ein anderer Zilk sein könnte. Ich bin ich, so viel Selbstbewusstsein hatte ich schon immer.

Politisch stand ich in diesem Jahr 1994, als ich das Bürgermeisteramt übernommen habe, fast vor einer No-win-Situation: Alle Trends liefen gegen die SPÖ. Die Grünen fuhren bei den Nationalratswahlen 1994 ein Rekordergebnis ein, detto die FPÖ, die damals schon seit Jahren im Aufwind war. Die SPÖ hatte in Wien 170.000 Mitglieder, um 60.000 weniger als zehn Jahre zuvor. Die politischen Lager hatten sich nicht aufgelöst, aber doch einigermaßen verdünnt, was vor allem der Sozialdemokratie Probleme bereitete.

Natürlich sah ich das, natürlich war mir das bewusst. Und natürlich ging meine erste Wahl, jene von 1996, dementsprechend schief. Von 48 auf 39 Prozent zu fallen war für die erfolgsverwöhnte Wiener SPÖ eine Katastrophe, ein Drama. Zum ersten Mal seit 1919 hatten die Sozialdemokraten in Wien keine absolute Mehrheit mehr.

Nach dieser Wahl und der damit verbundenen Enttäuschung war es zuerst einmal wichtig, die Partei zu konsolidieren. Danach ging es darum, möglichst rasch eine Stadtregierung zu bilden, und gleichzeitig mussten wir versuchen, die Partei auf Bundesebene wieder zu festigen und zu trachten, dass es weiterhin einen sozialdemokratischen Bundeskanzler gibt.

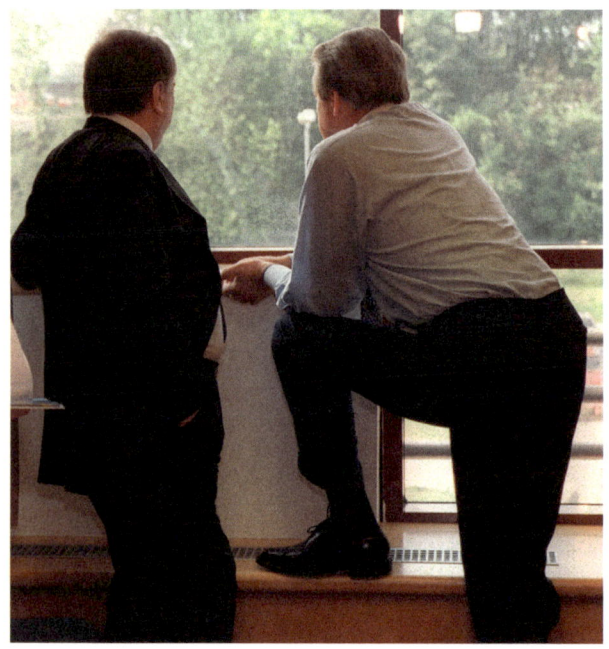

Mit SPÖ-Vorsitzendem Franz Vranitzky (r.) nach einer
Sitzung des SPÖ-Bundesparteivorstandes, 1996

Die Partei zog sich in Wien in den folgenden Monaten
fast wie Münchhausen aus dem eigenen Sumpf. Aber das
war extrem mühselig. Ich habe diese Niederlage psychisch
besser verkraftet als andere, weil ich mich schon darauf
eingestellt hatte. Der Schlag traf mich nicht unerwartet.
Von dem dummen Satz „Die Hoffnung stirbt zuletzt"
habe ich nie etwas gehalten. Aber in der Wiener SPÖ
wollten viele den Ernst der Lage nicht wahrhaben, obwohl
ich immer wieder versucht habe, auch anhand von Analysen darauf hinzuweisen, was da auf uns zukommt.

Drei Jahre zuvor hatte Niederösterreichs Landeshauptmann Erwin Pröll, mit dem ich mich schon damals recht

gut verstanden habe, bei seiner ersten Landtagswahl dasselbe Schockerlebnis, auch seine ÖVP verlor schwer. Am Wahlabend dachte er sogar an sofortigen Rücktritt, was ihm Parteifreunde aber ausgeredet haben.

Hans Hatzl, mein einstiger Gegenkandidat, hat zu mir gesagt: „Lass dir aber jetzt nicht den Blödsinn einfallen, dass d' gehst!" Ich trug mich ohnehin nicht mit dem Gedanken zurückzutreten. Das hätte ich als absolute Feigheit empfunden, aus meiner Sicht wäre das niederträchtig der Partei gegenüber gewesen. Ich hatte ja eigentlich gerade erst begonnen. Ein Wiener SPÖ-Obmann denkt in anderen zeitlichen Dimensionen.

Eines der zentralen Themen im Wahlkampf war natürlich die sogenannte „Ausländerfrage" gewesen. In einem der ersten Interviews nach der Wahl habe ich gemeint, wir seien mit dem Zuzug von Ausländern vielleicht zu sorglos umgegangen; dieser Zuzug sei zu limitieren, es sollten aber bereits anwesende Ausländer anständig behandelt werden. Das war vielleicht zu wenig präzise formuliert. Später sagte ich es anders: Wenn ich ein Fest in meinem Haus gebe, möchte ich auch wissen, wer zu dem Fest kommt, und nicht einfach die Tür aufmachen und jeder, der will, kann kommen.

Dass ich mit der ÖVP Koalitions-Verhandlungen aufnehmen will, war mir schon am Tag nach der Wahl klar. Mit den Grünen wäre es sich schon rein arithmetisch nicht ausgegangen, außerdem waren weder die Grünen noch die SPÖ damals schon bereit dafür. Die Zeit war einfach noch nicht reif. Es mit der ÖVP zu versuchen, damit waren in der SPÖ eigentlich alle einverstanden.

Die Zusammenarbeit zwischen der Stadt und der Wirtschaftskammer hatte schon eine gewisse Tradition, bevor ich Bürgermeister wurde. Ich selbst hatte ein gutes Verhältnis zu einigen Vertretern der ÖVP. Zwischen dem Wiener Wirtschaftskammerpräsidenten Walter Nettig und mir hatte sich im Laufe der Zeit eine besondere Form der Freundschaft entwickelt – wie zu Erwin Pröll. Schon in der Zeit, in der er Landesreferent für Umwelt und ich Umweltstadtrat in Wien war, haben wir einige Projekte umgesetzt, zum Beispiel die gemeinsamen Erholungsräume Wiens und Niederösterreichs oder das übergreifende Radwegenetz. Es wurden natürlich auch immer ein paar kleine Feste gefeiert, wenn wir solche Radwege eröffneten.

Der Umstand, dass ich selbst aus einem „schwarzen Biotop" in Niederösterreich komme, hat wohl ein wenig

Michael Häupl und Erwin Pröll bei einem Fußball-Benefizspiel, 1995

dazu beigetragen, dass ich weniger Berührungsängste hatte als jemand, der in einem Wiener Gemeindebau aufgewachsen ist. Dennoch waren die Koalitionsverhandlungen mit der ÖVP mühselig – obwohl die Wiener Volkspartei mit den heutigen Türkisen in keiner Weise vergleichbar ist. Das waren wirkliche Schwarze, in Wien natürlich mit einem sehr schwachen Bauernbund, mit einem ziemlich starken ÖAAB und einem bemerkenswerten Wirtschaftsbund. Zum Teil lagen wir weltanschaulich weit auseinander. Hannes Prohaska, der Klubobmann der ÖVP Wien, ein ÖAAB-Mann, forderte etwa ultimativ, wir müssten eine Milliarde für die Dezentralisierung bereitstellen. Die Dezentralisierung findet sich auch in der Programmatik der SPÖ, aber wir wollten zuerst darüber reden, was wir dezentralisieren. Der Sache folgt das Geld und nicht umgekehrt. Hätten wir einfach das Geld den Bezirken gegeben und die hätten nach Gutdünken darüber verfügt, wäre Wien in 23 Kleinstädte zerfallen. Das musste man unter allen Bedingungen vermeiden. Aber das haben wir dann letztendlich doch noch ausdiskutiert.

Gegen Ende der Verhandlungen wurde es wegen der anstehenden Personalentscheidungen noch heikel. Die ÖVP wollte unbedingt das Kulturressort. Ich hatte mit Finanzstadtrat Rudi Edlinger besprochen, dass wir sein Ressort in Wirtschaft und Finanzen teilen: Er behält die Finanzen und wir bieten der ÖVP die Wirtschaft an. Daraufhin gab es in der SPÖ einigermaßen heftige Diskussionen, weil manche die Wirtschaft nicht hergeben wollten. Ich habe ihnen entgegnet, dass die Wiener SPÖ in den späten 1960er-Jahren trotz absoluter Mehrheit eine

Koalition mit der ÖVP eingegangen ist und die Wirtschaft samt den Stadtwerken der schwarzen Stadträtin Maria Schaumayer überlassen hat.

Die Stadtwerke einer ÖVP-Stadträtin zu geben und mich zu kritisieren, wenn ich nur darüber nachdenke, das Wirtschafts- und Finanzressort zu trennen und das Wirtschaftsressort einem ÖVPler zu geben, wenn man schon eine Koalition mit ihnen eingeht – das fand ich verwegen. Es kam dann ohnehin nicht dazu, weil der Wiener ÖVP-Obmann Bernhard Görg andere Vorstellungen hatte. Er übernahm mit Freuden das Planungsressort, also ein Zukunftsressort. Aber er wollte das Kulturressort dazu. Dem stimmte ich erst zu, nachdem er mir mehrere mögliche Kandidaten genannt hatte, darunter Peter Marboe. Da sagte ich dann okay.

Seither ist Ursula Pasterk, die das Amt damals innehatte, wahnsinnig böse auf mich. Ich habe ihr einmal gesagt: „Ich verstehe nicht, warum du auf mich böse bist, du warst neun Jahre lang Stadträtin, warst gleichzeitig Festwochenpräsidentin, und keiner von uns, auch ich nicht, kann davon ausgehen, dass man als Politiker pragmatisiert ist, auch nicht als Stadtrat." Daraufhin hat sie Künstler organisiert, die bei mir protestieren sollten. Auch André Heller hat mir böse geschrieben, hat aber am selben Tag, an dem er mir diesen Protestbrief schrieb, in einem Brief an Marboe um einen Termin gebeten, um mit ihm über Projekte zu verhandeln.

Ich verstand Ursula Pasterks Enttäuschung darüber, dass sie aus der Politik ausscheiden musste, aber ich verstand nicht, dass sie das so persönlich nahm.

Es war dann fünf Jahre lang keine schlechte Koalition mit der ÖVP. Ich kam mit Bernhard Görg und Peter Marboe gut aus und ich glaube, sie auch mit mir. Görgs Vater kannte ich aus meiner Schulzeit in Krems. Er war Direktor eines Kremser Gymnasiums, ein katholischer Konservativer, ÖVPler und Christlich-Sozialer. Seine Positionen ähnelten sehr jenen meines Vaters. Sozialdemokraten achteten sie als jemanden, der zumindest eine Meinung hat. Liberale lehnten sie ab: „Ein Liberaler ist ein lieber Aal." Christlich-Soziale und Liberale waren schon in der Kaiserzeit erbitterte Gegner gewesen. Und ein Anti-Nazi war Vater Görg, wie auch mein Vater.

Peter Marboe war ein Kulturmann und Diplomat. Unsere Zusammenarbeit war sehr gut, als sie sich einmal eingeschliffen hatte. Ich habe ihm auch viel Raum bei öffentlichen Auftritten gelassen und bin höchstens bei der Eröffnung der Wiener Festwochen oder ähnlichen Großevents aufgetreten.

Einmal kam ich auf eine amüsante Idee. Ich hatte eine Einladung zu Karl Moiks „Musikantenstadl", der im Fernsehen damals gewaltige Einschaltquoten hatte. So etwas auszulassen ist bei einem Politiker eine schwere Sünde. Peter Marboe hatte an diesem Abend eine Staatsopern-Premiere. Er sagte, er gehe in die Staatsoper und ich solle zum Moik gehen. Rein machttechnisch wäre das durchaus in meinem Sinn gewesen: Das eine ist eine Massensendung und das andere eine Elitenveranstaltung.

Geendet hat es damit, das keiner von uns beiden in die Staatsoper gegangen ist, wir saßen beide beim Moik. Ich habe das einfach angeordnet und dafür gesorgt, dass er auch eine Einladung bekommt. Ich sagte zu Marboe: „Es wird Ihnen auch nicht schaden, dass Sie einmal einem anderen Publikum außer Ihren Kultureliten bekannt werden." Damals waren wir noch per Sie. Später hat er mir einmal zugestanden: „Nachträglich muss ich sagen: Es war g'scheit, dass du mich gezwungen hattest, dorthin zu gehen."

Manchmal stimmte ich mit meinem Koalitionspartner mehr überein als mit der eigenen Partei, etwa in der Frage der Dreijahresverträge für Kulturschaffende, die Peter Marboe einführen wollte. Zu Recht, wie ich meinte, weil ich wusste, dass selbst die Kulturverträge unseres Donauinselfestes drei Jahre im Voraus gemacht werden, sonst kriegt man keine Leute. Meine damalige Finanzstadträtin Brigitte Ederer war strikt dagegen. Sie legte Wert darauf, dass die Verträge jedes Jahr von Neuem verhandelt werden. Ich musste also meine Meinung gegenüber meiner eigenen Partei und meiner Finanzstadträtin durchsetzen, was eigentlich nur mit dem Appell an die Loyalität ging.

Schwierig wurde es in der Koalition, als 1996 die Bank Austria, die ja aus Länderbank und Zentralsparkasse der Gemeinde Wien entstanden war, die Creditanstalt übernahm. Wolfgang Schüssel, damals Wirtschaftsminister und ÖVP-Obmann, hatte eine Versteigerung der CA verlangt und sie auch bekommen. Bei der Versteigerung gewinnt jener, der den größten Scheck auf den Tisch legt. Das hätte er, als ehemaliger großer Macher in der Bundeswirtschaftskammer, eigentlich wissen müssen. Mir war klar: Wenn die Bank Austria gewinnt, ist es mit der Zeit als Sparkasse vorbei. Das konnte man ja auch in

Deutschland sehen: Wenn sich die großen Sparkassen weiterentwickelt haben und zu großen internationalen Banken wurden, mussten sie tatsächlich auch Banken sein.

Görg wollte nun unbedingt die Privatisierung der AVZ, der Anteilsverwaltung Zentralsparkasse, die gemäß dem Sparkassengesetz sich selbst gehörte. Wir waren strikt gegen eine Privatisierung. Als Kompromiss wurde die AVZ in eine Stiftung umgewandelt, aus deren Erträgen heute im Wesentlichen der „Wiener Wissenschafts-, Forschungs- und Technologiefonds", der WWTF, finanziert wird, weil sowohl Görg als auch ich nicht wollten, dass das Geld einfach in die Gemeindekasse fließt. Dieser WWTF hat seit seiner Gründung im Jahr 2001 mehr als 100 Millionen Euro Fördergeld an junge Spitzenwissenschaftler ausgeschüttet.

Zu einem weiteren ÖVP-Politiker hatte ich ein sehr gutes Verhältnis: zu Thomas Klestil. Er erschien mir als jemand, der natürlich eine gewisse Einbindung in die ÖVP hat, aber kein klassischer ÖVPler ist. Es war damals ein geschickter Schachzug Erhard Buseks, in der Präsidentschaftswahl 1992 jemanden mit Diplomatenimage aufzustellen, der in der Parteipolitik der ÖVP nicht wirklich präsent war. Klestil gewann dann die Wahl – nicht zuletzt deshalb, weil man seinen sozialdemokratischen Kontrahenten mehr oder weniger zur Kandidatur zwingen musste. Rudi Streicher erzählte mir später oft darüber. Und beklagte sich dabei stets, dass er im Wahlkampf vermanagt wurde. Er und sein Wahlkampfleiter, der damalige Zentralsekretär Josef Cap, wurden keine dicken

Konsultation mit Bundespräsident Thomas Klestil in der Wiener Hofburg

Freunde mehr. Und dass Cap ausgerechnet am Tag der Bundespräsidentenwahl einen Marathon lief, musste der Kandidat als Provokation empfinden. Das war vielleicht wirklich nicht schlau. Noch dazu, wenn die Wahl dann schiefgeht.

Ich hatte Thomas Klestil vor seiner Wahl zum Bundespräsidenten gar nicht gekannt. Er war Diplomat, viele Jahre lang Botschafter und Generalkonsul in verschiedenen Städten der USA und zuletzt Generalsekretär im Außenministerium. Es gab also nur wenige Berührungspunkte.

Wie dem auch sei. Thomas Klestil gewann im Lauf der Zeit hohes Vertrauen zu mir, und das konnte er auch haben, weil ich nie mit anderen über die Dinge gespro chen habe, über die wir geredet hatten. Es ging dabei oft um private Themen und persönliche Probleme.

Die einzige Geschichte, die öffentlich bekannt wurde, war meine Rolle bei seiner Hochzeit mit Margot Löffler. Er wollte natürlich nicht, dass darum ein Riesentheater gemacht wird, hatte die Sache aber mit einem Tiroler Freund besprochen. Am nächsten Tag las er den Inhalt des Gesprächs in einer Zeitung. Ich habe ihn daraufhin gefragt: „Willst du wirklich wieder heiraten? Du bist jetzt Bundespräsident, du bist nicht irgendeine Privatperson." Er hat gesagt, er wolle das wirklich, es sei sein sehnlichster Wunsch. Ich sagte: „Gut, wenn du das wirklich willst, helfe ich dir. Wir können das bei uns im Rathaus machen. Ich werde einen Standesbeamten organisieren, der auf völlige Verschwiegenheit eingeschworen wird. Ich erwarte mir von dir nur ein gewisses Pouvoir, was die Öffentlichkeitsarbeit betrifft. Weil ohne Öffentlichkeitsarbeit wird das nicht funktionieren. Das komplett geheim zu halten, geht nicht. Aber man kann ja eine kleine Runde aussuchen."

Das tat ich dann auch. Ich lud nur ganz wenige Journalisten, zwei Fotografen und natürlich den ORF ein. Im Roten Salon fand die standesamtliche Hochzeit statt. Ganz ohne Medienrummel. Wir sind danach gleich mit dem Lift zu den Empfangsräumen des Wiener Rathauses hinuntergefahren, dort fand das Hochzeitsessen statt. Es war die winzigste Tafel, die ich jemals bei einer Hochzeit gesehen habe.

Wirtschaftskammerpräsident Leopold Maderthaner war der Trauzeuge von Margot und ich der Trauzeuge des

Bundespräsidenten, außerdem waren noch ein paar seiner Freunde dabei. Das war's. Es war ein völlig entspanntes Essen und er war unendlich dankbar, weil das ohne großes Theater abgegangen war. Meine Motivation dabei war: Auch ein Bundespräsident hat das Recht auf eine Hochzeit nach seinen Wünschen, wie jeder andere auch.

DIE SPÖ VERLIERT NACH 30 JAHREN DAS KANZLERAMT

Bei der Übernahme der Creditanstalt durch die Bank Austria hatte sich vor allem Finanzminister Viktor Klima profiliert. Franz Vranitzky hatte Klima 1992 aus dem OMV-Vorstand geholt, um ihn zum Verkehrsminister zu machen. Nach dem Ausstieg Ferdinand Lacinas aus der Politik war er diesem als Finanzminister nachgefolgt.

Im Jänner 1997 gab es dann einen Knalleffekt: Franz Vranitzky trat als Bundeskanzler und als Bundesparteiobmann zurück und schlug für beide Ämter Viktor Klima als Nachfolger vor. Für die Journalisten war diese Wendung völlig überraschend gekommen.

Aber wie lief diese Entscheidung hinter den Kulissen ab?

Vranitzky hatte in den Tagen zuvor die Landesparteivorsitzenden mit guten Argumenten mit seinem Vor-

Franz Vranitzky, Michael Häupl und Viktor Klima
am Parteitag der Wiener SPÖ am 26. April 1997

schlag konfrontiert: Er wollte aus der Politik ausscheiden und hielt Klima für den geeigneten Nachfolger. Im Parteipräsidium gab es keine Gegenstimme und auch keinen Widerspruch. Auch ich habe den Vorschlag goutiert und Vranitzky in seiner Argumentation unterstützt. Die Letztentscheidung traf dann der Bundesparteitag.

Ich kam mit Viktor Klima gut aus und für mich war außerdem immer klar: Ein Parteivorsitzender hat Anspruch auf Loyalität. Das ist eine so schwierige Funktion, dass er nicht nur Anspruch, sondern sogar das Recht auf Loyalität hat. Ich habe mich dann schweren Herzens auch von meinem Finanzstadtrat und Freund Rudi Edlinger getrennt, den sich Viktor Klima als Finanzminister wünschte.

Lange konnte Klima nicht regieren. 1999 standen Neuwahlen an und die folgenden Monate entwickelten sich traumatisch. Die SPÖ verlor fast 5 Prozentpunkte, blieb mit 33 Prozent aber immer noch deutlich stärkste Partei. Die Haider-FPÖ gewann 5 Prozentpunkte hinzu und lag mit 27 Prozent nun knapp vor der ÖVP. Die war nun erstmals in ihrer Geschichte auf Platz drei zurückgefallen. Für diesen Fall hatte ÖVP-Obmann Wolfgang Schüssel angekündigt, seine Partei in die Opposition zu führen. Das glaubten ihm leider einige – ich nicht. Schon bald nach der Wahl war erkennbar, dass es zwischen Wolfgang Schüssel und Jörg Haider eine Abmachung gab.

In den nun folgenden Verhandlungen wurde deutlich, dass es Schüssel um ein Hinausdrängen der SPÖ aus der Bundesregierung ging. Er mochte die Sozialdemokraten einfach nicht. Nicht, dass ihm Jörg Haider extrem sympathisch gewesen wäre, aber eine Koalition mit der FPÖ war ihm jedenfalls lieber als die Sozialdemokratie. Vor allem war sie seine einzige Überlebenschance: Würde er seiner Partei nach drei Jahrzehnten wieder das Kanzleramt bringen, würde man ihm seine dröhnende Wahlniederlage nachsehen. Andernfalls wäre diese Wahlblamage das Ende der politischen Karriere des Wolfgang Schüssel.

Ich war Mitglied des Verhandlungskomitees und jeder von uns war für bestimmte Fachbereiche zuständig. Ich hatte für ein allfälliges Koalitionsübereinkommen Ideen zum Thema Mietrecht vorzubereiten. Meine Vorschläge hatte ich zuvor mit der Wiener Wirtschaft, also mit Wirtschaftskammerpräsident Walter Nettig, besprochen. Wir hatten einen gemeinsamen Standpunkt.

Schüssel machte das plötzlich zu seinem persönlichen Thema und ich hatte die Mietrechts-Frage mit ihm zu besprechen. Er sagte: „Was du dir mit deinem Freund Nettig ausgemacht hast, ist mir vollkommen wurscht." Ich lege die Tonalität in der Politik nicht auf die Goldwaage, aber es war deutlich zu erkennen, was er wollte. Und die Art und Weise, wie er mit mir gesprochen hat, hat mich in meiner Meinung bestätigt: Schüssel will keine Koalition mit uns. So haben wir das auch intern diskutiert.

Nachdem Schüssel zuerst seine Picadores ausgeschickt hatte, sprach er dann selbst das endgültige Urteil, indem er den Kopf des Finanzministers forderte. Das war dem Parteipräsidium zu viel. Selbst Leute, die bereit gewesen wären, sehr viel für eine Erneuerung der Koalition mit der ÖVP zu geben, waren dann nicht mehr bereit dazu. Das war's dann.

Ich kann mich an diese dramatische Sitzung des Bundesparteipräsidiums um Mitternacht noch sehr gut erinnern. Sie dauerte nicht sehr lange. Es gab einen Bericht des Bundesparteivorsitzenden Viktor Klima, in dem er uns Schüssels neue Bedingungen für die Koalition mitteilte. Es gab keine einzige Wortmeldung, in der die Meinung vertreten wurde, wir sollten auf diese Bedingungen eingehen.

Nun war vollkommen klar: Wenn es nicht Rot-Schwarz wird, dann wird es Schwarz-Blau. Jetzt wurde für jeden erkennbar, dass Schüssel die Verhandlungen von Beginn an darauf ausgelegt hatte, die Sozialdemokratie aus der Regierung zu verdrängen. Er wollte nicht mehr mit uns. Aus. Punkt.

Viktor Klima startete dann noch einen eher verzweifelten Versuch, Schwarz-Blau zu verhindern. Ich sollte in seinem Auftrag mit Jörg Haider über eine zeitlich befristete Duldung einer roten Minderheitsregierung durch die FPÖ verhandeln. Ich habe dem Parteivorsitzenden von vornherein gesagt: Ich halte das für eine nicht durchführbare und eigentlich nicht akzeptierbare Form des Regierens. Aber Auftrag ist Auftrag und ich habe ihn ausgeführt. Es ist erwartungsgemäß, also ergebnislos verlaufen. Dieses Gespräch über eine allfällige SPÖ-Minderheitsregierung mit FPÖ-Duldung war natürlich davon getragen, dass wir es beide nicht ernst nahmen. Außerdem war zwischen Schüssel und Haider längst alles ausgemacht.

Schon möglich, dass die Freiheitlichen es interessanter gefunden hätten, mit den Sozialdemokraten in eine Koalition zu gehen als mit der ÖVP. Aber es funktionierte damals nicht, es funktionierte später nicht und heute würde es schon gar nicht funktionieren. Außerdem hätte es auf einem SPÖ-Parteitag mit Sicherheit keine Mehrheit dafür gegeben. Aber man braucht darüber ohnehin nicht mehr nachzudenken. Spätestens seit „Ibiza" ist diese Diskussion in der Sozialdemokratie erledigt, eigentlich bei allen.

Schüssel erwies sich in dieser Phase als großartiger Taktiker. Er ist ein Berufspolitiker, er hat nie etwas anderes gemacht als Politik. Für Schüssel trifft die Annahme, dass Berufspolitiker den anderen in Machtfragen überlegen sind, zweifelsohne zu.

Wie mit Haider hatte ich auch mit Schüssel erhebliche Meinungsverschiedenheiten. Er ist durch und durch ein Neoliberaler, aber er ist ein hochintelligenter, extrem gebildeter Mensch und was ich am meisten schätze: Er ist

künstlerisch sehr begabt. Wolfgang Schüssel ist ein großartiger Zeichner und ein großartiger Musiker. Er konnte
unglaublich gewinnend und sympathisch sein, wenn er
irgendetwas wollte. Dann war er fast charmant.

Er hat mich als Bundeskanzler einmal zu einem
Gespräch geladen, in dem es eigentlich um etwas Selbst-
verständliches ging: um eine Restitution jüdischen Raub-
guts. Das ist einer der Punkte, bei dem wir einer Meinung
waren. Es ging also vor allem darum, was die Stadt Wien
dazu beiträgt, und er war so was von nett. „Willst a Bier?
Willst a Schnapsl? Komm, setz di' nieder! So lang haben
wir uns nicht mehr gesehen, wie geht's dir denn?" Wirklich großartig.

Das Gespräch über das eigentliche Thema war relativ
einfach. Eigentlich war es gar nicht unsere Angelegenheit.
Der sogenannte Eisenstadt-Vertrag wurde ja von den
USA mit der Republik Österreich und nicht mit den Bundesländern abgeschlossen. Und die Bundesmuseen, in
denen sich möglicherweise Raubgut befand, betrafen uns
nicht. Nur das Wien Museum ressortierte zu uns.

Wir übernahmen dennoch neben unserem Beitrag zur
Restitution dann auch das Instandsetzen der jüdischen
Friedhöfe. Und ich übernahm zusätzlich die Restitution
für die jüdische Sportvereinigung Hakoah. Das war nicht
ganz einfach, weil die Sportfläche, die früher von der
Hakoah bespielt worden war, nun von einem anderen
Verein benutzt wurde. Aber wir haben das gelöst.

Offenkundig war, dass es Schüssel mit seinem Koalitionspartner Haider nicht leicht hatte. In seiner Zeit als
Kanzler besuchte er manchmal auch die Landeshaupt-

leutekonferenz. Einmal fand diese Konferenz in der Steiermark statt und Schüssel hielt eine Tischrede. Auf einmal verließ Haider – Schüssel hatte mit seiner Ansprache gerade begonnen – mit dem Handy am Ohr das Abendessen. Die Rede war gut, sie enthielt nichts, was wir als Opposition als provokant empfinden hätten können. Da passte Schüssel immer genau auf, er achtete stets darauf, in welcher Umgebung und vor welchem Auditorium er sprach. Am nächsten Tag lasen wir in der Zeitung, Haider habe aus Protest gegen die Rede des Bundeskanzlers das Abendessen der Landeshauptleutekonferenz verlassen. Was Unsinn par excellence war. Typisch Haider. So hatte er es offenbar den Journalisten stecken lassen. Das war übrigens bald, nachdem diese fatalen Fotos mit Haider und Schüssel im Porsche aufgenommen worden waren.

Sehr viel später verlieh der Landeshauptmann von Südtirol knapp vor seinem Ausscheiden aus dem Amt Orden an deutsche und österreichische Politiker. Auch Schüssel und ich waren unter diesen Ordensanwärtern. Schüssel hielt damals eine brillante Dankesrede. Sie war durch und durch proeuropäisch, ich dachte jedes Mal daran zurück, wenn ich die Volten des späteren Herrn Bundeskanzlers Sebastian Kurz in der Europafrage hörte. Er sollte sich einmal die Rede Schüssels von damals anhören, das wäre eine echte Schulung, dachte ich mir dann.

Die auf die Bildung der schwarz-blauen Regierung folgenden Sanktionen der anderen EU-Partner hielt ich für wenig nützlich, hatte aber gewisses Verständnis dafür. Es gab damals bekanntlich diese mehr als überflüssige Bemerkung Jörg Haiders über den französischen Staatspräsidenten Jacques Chirac, den er unter dem Gegröle seiner Anhänger als „Westentaschen-Napoleon" verspottet hatte. Chirac war dann auch der Treiber der Sanktionen.

Ich war zu dieser Zeit geschäftsführender Präsident des Europäischen Städtebundes (RGRE, Rat der Gemeinden und Regionen Europas). Amtsführender Präsident war der frühere französische Staatspräsident Valéry Giscard d'Estaing. Es war nicht ganz leicht und es kostete mich viel Überzeugungsarbeit, dass sich der Europäische Städtebund nicht automatisch den Sanktionen anschloss. Giscard d'Estaing war dabei eine Hilfe. Natürlich kann sich auch ein ehemaliger französischer Staatspräsident diese mehr als unhöflichen Bemerkungen nicht gefallen lassen. Aber Giscard d'Estaing fand die Reaktion darauf überzogen.

Michael Häupl und Valéry Giscard d'Estaing
bei einer Tagung des Rates der Gemeinden und Regionen Europas

Auf Pressekonferenzen wurde ich damals von amerikanischen Journalisten gefragt, ob ich jetzt, nach dieser Sitzung des Städtebunds, wieder nach Wien zurückkehren darf, oder ob ich bei meiner Rückkehr verhaftet werde. Und ob es stimme, dass die österreichische Bundesregierung an der Grenze zu Wien, also in Niederösterreich, Konzentrationslager errichtet. Wahnwitzig! Ich habe geantwortet: „Selbstverständlich kehre ich zurück und ich werde mein Amt als Bürgermeister und Landeshauptmann von Wien weiter ausüben. Denn wenn es tatsächlich Faschismus gäbe, wäre der Wiener Bürgermeister einer der Ersten, der verhaftet würde, wie das in der Vergangenheit ja auch schon der Fall war. Und ich kann Ihnen versichern: Es gibt in Österreich keine Konzentrationslager. Österreich ist nach wie vor eine Demokratie, Österreich ist nach wie vor ein Rechtsstaat, und überlassen Sie es uns, den Sozialdemokraten, dass diese Regierung wieder abgewählt wird. Es ist eine Aufgabe des österreichischen Volkes und nicht von ausländischen Sanktionen."

Diese Position wurde auch in Österreich akzeptiert. Ich vertrat sie im Europäischen Städtebund und bei internationalen Pressekonferenzen. Ich vertrete sie bis heute.

Ich wurde 2004 zum Präsidenten des RGRE gewählt, nicht zuletzt dank der klaren Haltung in der Sanktionenfrage, und konnte so österreichische Positionen überproportional einbringen. Diese internationale Städtezusammenarbeit ist für Wien von zentraler Bedeutung. Immer wieder konnten wir wirtschaftliche und kulturelle Projekte, aber auch regionale Interessen wie etwa die EU-Do-

nauraumstrategie durchsetzen. Doch zurück zur österreichischen Innenpolitik.

Eine Konsequenz der schwarz-blauen Regierungsbildung und des für die Sozialdemokratie enttäuschenden
Wahlergebnisses war der Rücktritt von Viktor Klima als
Parteivorsitzender. In der SPÖ war nicht klar, wer ihm
nachfolgen sollte. Es gab zwei Kandidaten, die Interesse
an diesem Amt zeigten: die früheren Innenminister Karl
Schlögl und Caspar Einem.

Manche Parteifreunde begannen sich für den einen
oder für den anderen in Stellung zu bringen – sogar ganze
Landesparteivorstände taten das. Die Sache lief also auf
eine Zerreißprobe hinaus. Meine Überlegung damals war:
Wir brauchen nicht einen Kandidaten, der die Partei zer-
reißt, sondern einen, der sie zusammenführt und zusammenhält. Und jetzt brauchen wir vor allem einen Opposi-
tionsführer. Denn wenn es schon so ist, dass wir – obwohl
stärkste Partei – von ÖVP und FPÖ aus der Regierung
hinausgeschmissen wurden, dann müssen wir die Oppo-
sitionsrolle aktiv annehmen. Das führte dazu, dass man
sich nach längerer Diskussion auf Alfred Gusenbauer
einigte. Ich war sehr dafür, ich hatte ja seinen Namen in
die Diskussion eingebracht.

Ich kannte Alfred Gusenbauer, seit er Verbandsob-
mann der SJ war, also seit Mitte der 1980er-Jahre. Er ist
etwa zehn Jahre jünger als ich. Zu dem Zeitpunkt, als ich
ihn vorschlug, war er Bundesgeschäftsführer der SPÖ.

Die Überlegung, dass wir jemanden brauchen, der die
Partei zusammenhält, wurde allgemein geteilt. Sowohl
Karl Schlögl als auch der inzwischen leider verstorbene

Michael Häupl und Alfred Gusenbauer
beim Maiaufmarsch am Wiener Rathausplatz, 2001

Caspar Einem hätten sich meine Unterstützung erwartet, aber ich hatte in dieser Frage nicht meine persönlichen Gefühle zu vertreten, sondern ich musste politisch denken: Was ist das Beste für die Partei?

DIE PARTEIARBEIT WIRD SCHWIERIGER

n Wien stand seit den letzten Jahren des 20. Jahrhunderts auch die Diskussion auf der Tagesordnung, ob das traditionelle Parteileben und der Parteiaufbau mit Sektionen und entsprechender Hierarchie noch zeitgemäß sind. Es gab rund um den Wechsel in der Wiener SPÖ, eigentlich noch unter Parteiobmann Hans Mayr, den Wunsch, die Partei zu öffnen. Öffnen heißt: Man bezieht Leute in die politische Arbeit mit ein, die nicht unbedingt Mitglieder der Partei sein müssen. Die damalige Landesparteisekretärin Grete Laska hat das Projekt „Reden wir darüber" auf die Beine gestellt. Das war ein sehr gutes Dialogforum. Später wurde es unter ihrem Nachfolger als Landesparteisekretär Harry Kopietz zu „Team für Wien" weiterentwickelt. Es bildeten sich Themengruppen, die inhaltliche Diskussionen führten, aber auch durch Straßenaktionen oder Internetaktivitäten durchaus praktisch

Politik machten. Und da waren viele dabei, die nicht SPÖ-Mitglieder waren.

Das „Team für Wien" wurde natürlich dennoch stark von der Landespartei gesteuert. Viele Traditionalisten in der Partei fanden das ohnehin nicht so toll, weil sie der Auffassung waren, das alles sei eigentlich auch Aufgabe der Sektionsarbeit. Stimmt schon, aber wir mussten uns etwas überlegen, um Kontaktmöglichkeiten zu Nichtmitgliedern zu schaffen.

Eine Zeit lang funktionierte das ganz gut. Später wurden daraus Themensektionen, in denen auch Leute mitarbeiten konnten, die nicht Parteimitglieder waren. Man institutionalisierte diese Öffnung also wieder viel mehr. Die Themensektionen konnten auch stimmberechtigte Delegierte zum Landesparteitag entsenden. Gleichzeitig wurde auch die Sektionsarbeit entsprechend reformiert, Sektionen wurden zusammengelegt. Das hatte einen zusätzlichen Vorteil: Man brauchte weniger Geld für die „Hardware" der Partei, für Sektionslokale und Ähnliches.

Die Sektionen wurden zwar weniger, aber die bestehenden waren damit stärker und sie konnten wieder mehr Aktionen setzen. In einem erheblichen Teil der Bezirke gibt es heute nur noch halb so viele Sektionen wie früher. Natürlich gab es einen Mitgliederschwund, aber den gab es in allen Institutionen, nicht nur in den Parteien. Die einzige Institution, die in der letzten Zeit einen Mitgliederzuwachs hatte, ist die Gewerkschaft. Das wundert mich nicht, weil die Wirtschaftskrise von 2008 tiefe Spuren im Bewusstsein hinterlassen hat. Die wirtschaftlichen, gesellschaftlichen und sozialen Auswirkungen der Pandemie werden denselben Effekt haben: Die Leute erkennen in solchen Situationen, dass man Einrichtungen wie Gewerkschaft und Arbeiterkammer braucht und dass das nicht bürokratische Institutionen sind, die eigentlich eh nur alles verhindern wollen.

Was nie infrage gestellt wurde, war die demokratische Hierarchie in der Partei. Die Sektionen wählen Delegierte in die Bezirksparteikonferenz. Die Bezirksparteikonferenz wählt die Delegierten in die Landesparteikonferenz. Die Landesparteikonferenz wählt die Delegierten in den Bundesparteitag. Und diese jeweiligen Gremien wählen dann ihre Vorstände. Diese demokratische Hierarchie wird nicht infrage gestellt werden, solange die Partei noch eine entsprechende Anzahl von Mitgliedern hat. Warum auch? Ich halte sie für ebenso zeitgemäß wie die Symbole der Sozialdemokratie: den Aufmarsch am 1. Mai, das Blauhemd bei den Jungen, auch die Lieder. Das alles ist identitätsstiftend und daher vernünftig.

Auch andere Dinge wie etwa die Frage der Direktwahl des oder der Parteivorsitzenden wurden diskutiert. Wir haben uns angesehen, wie das bei unseren Schwesterparteien in Großbritannien und Frankreich praktiziert wird. Mich ermutigen diese Experimente nicht, weil sie zu keinen besseren Ergebnissen führten als interne Wahlen in unserem demokratischen Hierarchieaufbau.

Zurück zur Innenpolitik: Bald wurde klar, dass die FPÖ in der Regierung mit der ÖVP verlieren wird, so wie alle Koalitionspartner der Kanzlerpartei ÖVP verlieren. In Wien haben wir die für Herbst 2001 angesetzte Landtagswahl damals auf das Frühjahr vorgezogen.

Kurz vor der Wahl kam mir meine Finanzstadträtin Brigitte Ederer abhanden. Die Finanzstadträtin, der Finanzstadtrat ist eine der wichtigsten Personen in einer Stadtregierung, so wie der Finanzminister eine sehr wichtige Figur in einer Bundesregierung ist. Natürlich war ich verstört. Ich musste es aber zur Kenntnis nehmen, nachdem ich schnell gemerkt hatte, dass meine Argumentationsversuche im Hilflosen steckenblieben, weil Gitti immer schon eine sehr entscheidungsstarke Frau war und sich zu diesem Zeitpunkt auch schon entschieden hatte.

Ich hatte ein gewisses Verständnis für ihre Entscheidung – Chefin von Siemens Österreich, das ist schon eine gewaltige Position und Aufgabe. Meine Argumentation war: Ich versteh dich, aber kann das nicht nach der Wahl sein? Sie meinte, nein, das müsse alles innerhalb der nächsten Woche passieren, das sei so von Siemens vorgesehen. Sie verstehe, dass das für mich sehr schlecht ist. Ich sagte: „Es geht nicht um mich, es geht um die Partei." Zu der Zeit war sie ja Parteivorsitzende der Leopoldstadt. Sie sagte, das verstehe sie auch. Aber sie habe sich entschieden. Das Ergebnis ist bekannt. Ich bat also Gesundheitsstadtrat Sepp Rieder, diese Funktion zu übernehmen.

FPÖ-Spitzenkandidatin bei der Landtagswahl war Helene Partik-Pablé, aber plötzlich drängte sich Jörg Haider ins Bild und tat so, als sei er der Spitzenkandidat. Offenbar hat er Partik-Pablé nicht zugetraut, im Wahlkampf bestehen zu können.

Haider führte einen widerwärtigen Wahlkampf mit antisemitischen Untertönen, genützt hat ihm und seiner Partei das nicht: Die FPÖ verlor rund 8 Prozentpunkte,

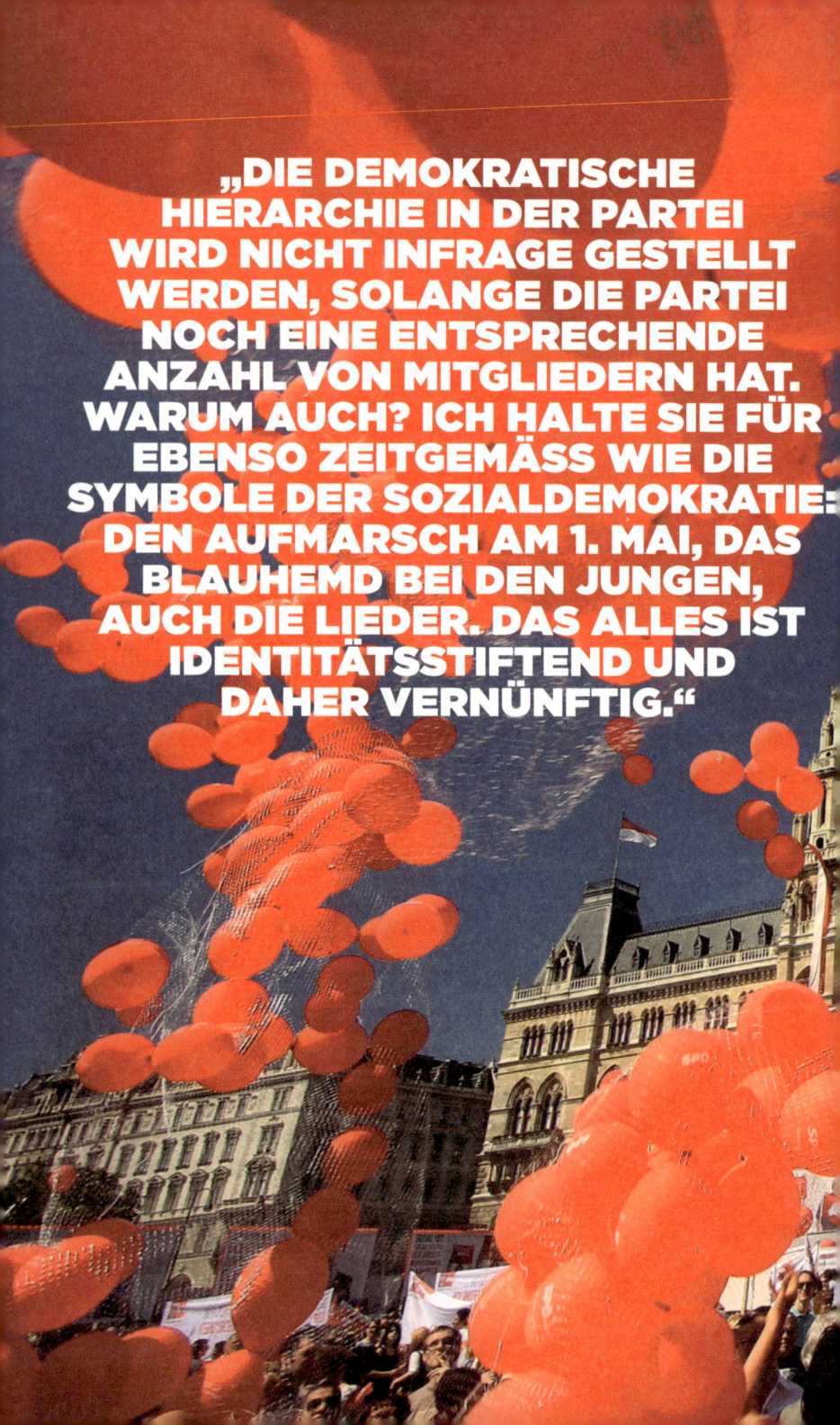

„DIE DEMOKRATISCHE HIERARCHIE IN DER PARTEI WIRD NICHT INFRAGE GESTELLT WERDEN, SOLANGE DIE PARTEI NOCH EINE ENTSPRECHENDE ANZAHL VON MITGLIEDERN HAT. WARUM AUCH? ICH HALTE SIE FÜR EBENSO ZEITGEMÄSS WIE DIE SYMBOLE DER SOZIALDEMOKRATIE: DEN AUFMARSCH AM 1. MAI, DAS BLAUHEMD BEI DEN JUNGEN, AUCH DIE LIEDER. DAS ALLES IST IDENTITÄTSSTIFTEND UND DAHER VERNÜNFTIG."

wir gewannen etwa ebenso viele hinzu und erreichten mit rund 47 Prozent der Stimmen dank des leicht mehrheitsfördernden Wiener Wahlrechts eine knappe absolute Mandatsmehrheit. Auch die ÖVP, unser Koalitionspartner, gewann Stimmen und Mandate, wenn auch in geringerem Ausmaß.

Ich überlegte, ob wir trotz der absoluten Mandatsmehrheit die Koalition mit der ÖVP fortführen sollten. Die Mehrheit war ja nicht so großartig: Wir hatten 52 der 100 Sitze erreicht. Außerdem kam ich mit Bernhard Görg und Peter Marboe gut aus. Görg hatte ja ein Jahr zuvor als Einziger im ÖVP-Vorstand gegen die Koalition mit der FPÖ auf Bundesebene gestimmt, weil er wusste, dass mit den Freiheitlichen kein Staat zu machen ist.

Aber er lehnte noch in der Wahlnacht jedes Gespräch über eine Fortsetzung der Rathauskoalition ab, weil er keine Chance sah, Inhalte seiner Partei in dieser Konstellation zu verwirklichen. Am nächsten Tag versuchte ich die Gespräche über andere Freunde in der ÖVP noch einmal anzuleiern. Ich sagte ihnen: „Um neun Uhr tagt mein Parteipräsidium, bis dahin möchte ich wissen, was euer Standpunkt ist." Daraufhin rief mich Dr. Görg noch einmal an und sagte, die ÖVP werde in Wien den ihr zugewiesenen Platz einnehmen, nämlich jenen auf den Oppositionsbänken.

Ich merkte bald, dass es außer für mich für kaum jemanden in meiner eigenen Partei vorstellbar war, nach der Rückeroberung der absoluten Mandatsmehrheit mit der ÖVP eine Koalition einzugehen. Ich hätte das wohl nur vor dem Hintergrund dieses großartigen Wahlsiegs durchsetzen können, wahrscheinlich dennoch mit einigem Murren im Hintergrund. Aber es kam ohnehin nicht dazu. Als dann am Vormittag die Gremien der Wiener SPÖ die weitere Vorgangsweise berieten, unterbreitete ich den Vorschlag gar nicht mehr. Es wäre sinnlos gewesen.

DIE FPÖ ZERBRICHT – DIE SPÖ EROBERT ZWEI WEITERE BUNDESLÄNDER

Ein Jahr nach der Wiener Landtagswahl zerbrach die Bundesregierung. Im September 2002 gab es den berühmten FPÖ-Putsch in Knittelfeld, bei dem der rechte Flügel der FPÖ unter der Führung Jörg Haiders gegen die eigene Regierungsfraktion, die von Vizekanzlerin Susanne Riess-Passer angeführt wurde, rebellierte.

Bundeskanzler Wolfgang Schüssel rief sofort Neuwahlen aus.

Mir sind diese Tage noch recht präsent. So etwas wie den Knittelfeld-Putsch erlebt man nicht oft. Mit dem Zerbrechen der FPÖ war klar, dass viele FPÖ-Wähler der vorangegangenen Nationalratswahl, jener von 1999, wieder zu ihren „alten" Parteien zurückkehren würden. Mich hat am Wahltag dann vor allem die Dimension dieser Wählerbewegungen überrascht. Die FPÖ verlor mehr als die Hälfte ihrer Stimmen und fiel von 27 auf 10 Prozent zurück.

Die SPÖ gewann 3,6 Prozentpunkte dazu, was an sich ein sehr schönes Ergebnis gewesen wäre, aber natürlich wurde es durch den Triumph der ÖVP in den Schatten gestellt. Plus 15 Prozentpunkte bedeuteten, dass die Volkspartei erstmals seit 1966, also nach 36 Jahren, wieder stärkste Partei war. Dieses Ergebnis wurde Wolfgang Schüssel zugeschrieben, der nun landauf, landab als schlauer Taktiker gefeiert wurde.

Aber was hätte er sonst tun sollen? Fliegende Regierungswechsel gibt es in der Praxis nicht. Daher waren die Neuwahlen eine ziemlich alternativlose Entscheidung. Und man sollte nicht vergessen, dass sein Zugpferd im Wahlkampf ein gewisser Karl-Heinz Grasser war, der von der FPÖ abgesprungene Finanzminister.

Verhandlungsführer der Sozialdemokraten in den nun folgenden Regierungsverhandlungen war der Parteivorsitzende und Spitzenkandidat, also Alfred Gusenbauer. An Gewieftheit und Intelligenz stand Alfred Gusenbauer Wolfgang Schüssel um nichts nach. Daher wurden die Koalitionsverhandlungen in erster Linie von den Vorsitzenden geführt. Die Arbeit wurde wie üblich in einzelne Sachgebiete aufgeteilt, aber politische Entscheidungen waren Chefsache. Ich fand das okay und hatte das Gefühl, dass Wolfgang Schüssel diesmal ernsthafter verhandelte als zwei Jahre zuvor. Er wusste natürlich, dass das Regieren mit diesem Trümmerhaufen namens FPÖ nicht einfach wäre. Er sprach ja auch mit den Grünen, aber ich hatte nicht den Eindruck, dass das besonders ernsthaft war.

Die Regierung Schüssel II war zum Teil skurril. Herbert Haupt war Vizekanzler, er verstand wenigstens noch, was Sozialpolitik bedeutete – im Gegensatz zu anderen FPÖlern damals und heute. Und er verstand auch einiges vom politischen Handwerk.

Bundespräsident Thomas Klestil war natürlich auch von dieser Neuauflage von Schwarz-Blau nicht begeistert. Es ist kein Geheimnis, dass er die FPÖ als Regierungspartner nicht goutierte. Er beurteilte die Dinge immer in ihrer internationalen Dimension. Er war ein gelernter Diplomat und ein glühender „Atlantiker" und wusste daher genau, was die amerikanischen Freunde über Koalitionen mit der FPÖ denken. Klestil war also nicht so sehr aus moralischen Gründen gegen eine Regierungsbeteiligung der Freiheitlichen, sondern er wusste: Das bringt uns kein internationales Renommee.

Thomas Klestil kam zwar aus der ÖVP und hatte ihr auch seine Präsidentschaft zu verdanken, mit Parteipolitik konnte er allerdings wenig anfangen. Ihm waren Leute und bestimmte politische Positionen wichtig. Und er war ein sehr überzeugter Demokrat. Die Bemerkungen Haiders über Chirac taten dem Menschen und Diplomaten Klestil in seiner Seele weh.

Nach der Neuauflage von Schwarz-Blau war das nächste größere Ereignis die Bundespräsidentenwahl 2004. Alfred Gusenbauer hatte Heinz Fischer die Kandidatur am Rande eines Treffens der Sozialistischen Internationale in Brasilien angetragen. Heinz Fischer erzählte später, Gusenbauer hätte mir in diesem Gespräch die Letztentscheidung überlassen.

Ich kann mich zwar an das folgende Gespräch mit Heinz erinnern, aber ich verstand mich nicht als Letztentscheider. Wir hatten einen Termin ausgemacht und Kaffee getrunken, dann sagte er: „Was hältst du davon, Alfred Gusenbauer hat gemeint, ich solle für die Funktion des Bundespräsidenten kandidieren." Und ich sagte: „Was sagt die Margit dazu? Hast du mit deiner Frau schon geredet?" Es stellte sich dann heraus: Natürlich und zu Recht hatte er mit seiner Frau gesprochen, bevor er eine politische Tour innerhalb der eigenen Partei begann, um das abzuklären. Das halte ich für sehr klug. Für so eine Funktion und auch für andere höhere politische Funktionen zu kandidieren, ohne das mit seinem Lebenspartner abzuklären, ist Unfug. Das kann nur schiefgehen. Entweder geht das Politische schief oder es geht das Private schief.

Ich war von Beginn an davon überzeugt, dass Heinz Fischer der ideale Kandidat ist. Der Großteil der Wiener SPÖ hat das ebenso gesehen. Ich habe ihm versprochen: „Bei deinem Wahlergebnis in Wien wird ein Sechser vorne stehen." So war es dann auch.

Wieso waren wir nicht früher, bei allen möglichen Besetzungen, auf Heinz Fischer gekommen? Wäre er vielleicht auch ein guter Parteivorsitzender gewesen? Wieso war er nicht im Gespräch, als es um die Nachfolge Viktor Klimas ging, fragten später viele.

Ich hatte den Eindruck, Heinz Fischer habe sich immer selbst aus solchen Spekulationen herausgenommen, die Funktion des Bundesparteivorsitzenden interessierte ihn offenbar nicht. Heinz wurde in der Kreisky-Ära groß. Er war ein sehr guter Parlamentarier und ein sehr guter

Auftaktveranstaltung zur Österreich-Dialogtour von Heinz Fischer
zur Bundespräsidentenwahl 2004

Klubobmann. Das war er alles mit Leidenschaft, aber er beherzigte immer eine Erfahrung aus seinen vielen Jahren in der österreichischen Innenpolitik: Was einem keine Freude bereitet, das soll man nicht machen. Das ist absolut richtig. Wenn man jemanden in etwas hineinzwingt, dann geht das schief. Rudolf Streicher hat das Amt des Bundespräsidenten nicht angestrebt, man hat ihn zu dieser Kandidatur gedrängt. Das Ergebnis ist bekannt. Heinz Fischer wollte das Amt. Rückblickend wissen wir: Es war eine großartige Entscheidung.

Unsere Büros waren viele Jahre lang nur einen Steinwurf voneinander entfernt – sein Schreibtisch stand im Parlament, meiner im Rathaus –, aber unsere Arbeitsfelder überschnitten sich nur selten. Einmal hatten wir einen heftigen Disput, es ging dabei um das Haus der

Geschichte. Ich wollte nicht ein Haus der Geschichte als Quasimuseum, sondern eines, das unter der Nutzung aller Kommunikationsmöglichkeiten, der digitalen wie der analogen, ein Haus der Begegnung ist. In dem Schulklassen ebenso arbeiten können wie Dissertanten oder Historiker, vernetzt mit Bibliotheken und Forschungseinrichtungen auf der ganzen Welt. Ich habe mir ein lebendiges Haus vorgestellt.

Das Palais Epstein, an der Wiener Ringstraße zwischen Museen und Parlament gelegen, erschien mir dafür ideal. Es war in der Ersten wie in der Zweiten Republik Sitz des Wiener Stadtschulrats gewesen, nach 1945 war hier bis zum Abzug der Alliierten die Kommandantur der sowjetischen Besatzungsarmee einquartiert gewesen. Es wäre ein Haus mit Geschichte mit einem gewissen Genius Loci gewesen. Heinz Fischer war damals Nationalratspräsident und wollte das Palais Epstein für Parlamentsbüros. Ich bot ihm sogar Räumlichkeiten an, die der Stadt Wien gehören und in unmittelbarer Nähe des Parlaments liegen und daher ebenfalls für Abgeordnetenbüros nutzbar gewesen wären. Aber die Übernahme des Palais Epstein war offenbar zwischen den Parlamentsklubs bereits ausgemacht.

Der SPÖ war es in Wirklichkeit egal. Ich setzte mich für meine Idee für ein Haus der Geschichte ein, die ich bis heute nicht für blöd halte, aber man muss auch wissen, wann man verloren hat. Unserer persönlichen Beziehung tat das keinen Abbruch. Es war eine Meinungsverschiedenheit, wie sie unter Freunden vorkommen kann. Es wurde entschieden und das war dann so.

Mit dem Parteivorsitzenden Alfred Gusenbauer kam ich sehr gut aus. Ich habe immer seinen Intellekt und sein Wissen geschätzt. Er war einer der intelligentesten Politiker, die ich kennenlernte. Ein unglaublich gebildeter Mann. Was uns trennte, war der Umgang mit Menschen. Ich erinnere mich da an eine Begebenheit: Wir hatten eine Besprechung in der Parteizentrale in der Löwelstraße. Es war ein schöner Sommertag und nach deren Ende sagte ich zu ihm: „Alfred, im Naturfreundebad unten an der Alten Donau gibt es ein Naturfreunde-Fest. Da sind ungefähr 800 bis 1000 Leute, fahr'n wir hinunter, die würden sich freuen, wenn auch der Bundesparteivorsitzende vorbeikommt." Sagt er: „Das ist eine gute Idee, fahr ma."

Unterwegs am Donauinselfest

Er steuerte dort zielgenau auf den Funktionärstisch zu, setzte sich hin und sagte: „Na, was habt's denn da zum Trinken? Hoffentlich Trinkbares." Ich ging inzwischen durch das Gelände, grüßte die Leute und spazierte eine gute Stunde durch die Reihen. Dann ging ich zum Funktionärstisch zurück. Alfred saß noch immer da und fragte mich: „Wo warst du die ganze Zeit? Ich habe gedacht, wir trinken was." – Das war er auch, der Fredl.

Wie dem auch sei. Ich schätze seine Intelligenz bis heute. Es ist äußerst angenehm, sich mit ihm zu unterhalten, weil er wirklich ein gescheiter Mensch ist. Vor allem bei Themen internationaler Politik ist er beschlagen wie kaum ein Zweiter. Aber es waren immer Sachen wie die oben geschilderten, die ihm die größten Schwierigkeiten einbrachten. Ich habe es übrigens auch für eine Schnapsidee gehalten, die sozialdemokratischen Gewerkschafter nach dem BAWAG-Skandal nicht mehr auf die Kandidatenlisten für die Nationalratswahlen von 2002 zu nehmen, quasi als Sanktion. Gerade damals wäre Solidarität gefragt gewesen.

In der FPÖ kam es inzwischen zu einer neuerlichen Spaltung. Als Heinz-Christian Strache, ein blauer Aufsteiger aus Wien-Landstraße mit Vergangenheit in rechtsradikalen Klüngeln, Haider innerparteilich die Stirn bot, löste der einfach eine neue Partei aus der alten FPÖ: das sogenannte BZÖ.

Vizekanzler wurde nun der Verkehrsminister aus Vorarlberg, Hubert Gorbach. Ich versuche immer, mir die besseren Dinge zu merken und die schlechteren zu vergessen. Also: Mit Gorbach fixierten wir immerhin die sechste Donauquerung bei Wien, den Tunnel unter Donau und Lobau. Ursprünglich wollte Gorbach eine Brücke. Ich hab ihm gesagt: „Die Brücke wirst du dort nie bauen, weil der Erwin Pröll und ich sind Mitschöpfer des Nationalparks Donau-Auen und wir werden den Nationalpark mit Sicherheit nicht gefährden lassen. Beide nicht. Du hast dann also nicht nur den Michl Häupl am Hals, sondern auch den Erwin Pröll. Da wünsche ich dir schon jetzt viel Vergnügen." So ist damals der Tunnel festgelegt worden.

Die SPÖ war in diesen Krisenjahren der FPÖ und damit auch der Regierung Schüssel im Aufwind und es gelang bis dahin Unvorstellbares: Die Steiermark und Salzburg bekamen mit Franz Voves und Gabi Burgstaller sozialdemokratische Landeshauptleute. Wir wussten schon vor den Landtagswahlen, dass beide sehr gut liegen. Sowohl in Salzburg als auch in der Steiermark war – wie in fast ganz Österreich – spürbar, dass es eigentlich genug sei, dass man jetzt einmal etwas anderes will als Schwarz-Blau.

Gabi Burgstaller punktete stark in den urbaneren Bereichen. Franz Voves gewann überall, seine Auftritte, bei denen er Gitarre spielte und sang, waren legendär. Er war wirklich ein extrem volksnaher Mann. Beide hatten natürlich auch ihre Eigenarten, aber ich kam sowohl mit Gabi Burgstaller als auch mit Franz Voves ganz gut aus.

Voves hatte eine Eigenart, die es in der Steiermark sehr oft gibt: Man will sich als Steiermark stark zeigen, als Darsteller eines Landes, das nicht hinter Wien herhinkt.

Man konnte in der Steiermark Wahlen gewinnen, wenn man fest auf Wien schimpfte. Das hat die ÖVP viele Jahre lang erfolgreich praktiziert. Bei Franz Voves war das nicht ganz so, aber er vertrat durchaus sehr prononciert Meinungen, wenn ihm etwas nicht passte. Er hat übrigens als Erster die Reichensteuer vorgeschlagen, das empfand ich als sehr vernünftig, da war nichts dagegen zu sagen. Er war ja ein Ökonom, das war sein Spezialgebiet und da war er wirklich gut.

Gabi Burgstaller kam ursprünglich aus der Arbeiterkammer, sie hatte eine sehr starke soziale Ader und einen enormen Vorteil: Sie konnte wirklich glaubwürdig auf Leute zugehen. Mit ihr durch Salzburg zu spazieren war für jemanden wie mich, für den Wahlkämpfe fast ein Lebenselixier sind, ein wahres Vergnügen! Da war sie einfach großartig. Dass sie es in einer Runde von Alphatieren wie der Landeshauptleutekonferenz, in der es manchmal zu Revierkämpfen kommt, nicht leicht hatte, liegt auf der Hand. Mit meinem Freund Erwin Pröll konnte sie zum Beispiel nicht gut.

Ich kam gut mit dem Kärntner Landeshauptmann Gerhard Dörfler aus, ich fand ihn – abseits seiner politischen Ideen natürlich – recht nett. Er machte gern Scherze, die wirklich grenzwertig waren. Dörfler war absolut kein Anhänger der Political Correctness. Als einmal die Landeshauptleutekonferenz in Wien stattfand, habe ich vor dem Abendessen gesagt: „Freunde, ich schlage euch ein Menü vor, aber ihr könnt euch natürlich bestellen, was ihr wollt." Zu Gerhard Dörfler habe ich gesagt: „Gerhard, magst vielleicht einen Mohr im Hemd?" Erwin Pröll ist vor Lachen fast vom Sessel gefallen, aber Gerhard Dörfler verstand das nicht als Anspielung, sondern sagte gut gelaunt: „Ja, das ist eine gute Idee."

Herbe Auseinandersetzungen hat es manchmal mit seinem Vorgänger Jörg Haider gegeben, etwa als Haider den Journalisten im Vorzimmer gesagt hat, er werde den Landeshauptleuten bei der Konferenz jetzt das Arbeiten beibringen, das sei ja nur eine faule Bande. Man kann sich vorstellen, was dann im Sitzungssaal los war. Es wurde ein legendärer Abend.

Kurz nachdem Gabi Burgstaller und Franz Voves Landeshauptleute geworden waren, gab es 2005 auch in Wien eine Landtagswahl, vor der plötzlich Umfragen kursierten, wonach die Wiener SPÖ mit 55 Prozent rechnen könne, also mit einem Zugewinn von 8 Prozentpunkten. Das war allerdings bloß Propaganda der politischen Gegner. Ich wusste natürlich genau, dass das völliger Unsinn war, und hatte auch immer wieder versucht, diese „Umfragen" zu dementieren, habe das aber vielleicht nicht energisch genug gemacht. Dann trat ein, was eintreten musste. Nicht wenige unserer Wähler sagten: „Ist eh alles klar, der Michl bleibt Bürgermeister, da brauch ma am Sonntag gar net hingehen."

Es wurden dann 49,09 Prozent – ein glänzendes Ergebnis, wir hatten zu unserem ohnehin hohen Resultat von 2001 noch 2 Prozentpunkte hinzugewonnen. Dennoch sah es fast wie eine Niederlage aus, weil es nicht 55 Prozent wurden. Das dämpfte natürlich die Emotion des Erfolgs.

Unser gutes Ergebnis war in erster Linie darauf zurückzuführen, dass Enttäuschte, die zur FPÖ gewech-

Bei der Schlusskundgebung der Wiener SPÖ
zur Landtagswahl 2005

selt waren, bei dieser Wahl wieder zur Sozialdemokratie
zurückkamen. Da konnte man wirklich sagen: Danke,
Jörg, danke für das Chaosbild, das die FPÖ vermittelt.

Einige von uns haben das als Folge eines gewissen
Automatismus gesehen: Die abtrünnigen SPÖ-Wähler
würden quasi automatisch – um es kirchlich zu sagen –
als reuige Sünder wieder in ihre politische Heimat
zurückkehren. Ich habe diese Meinung nicht vertreten.
Ich glaube nicht an solche Automatismen. Da muss man
schon auch etwas dazu tun.

In der Wiener Sozialdemokratie hatte sich immer
mehr die Auffassung verdichtet: Die FPÖ ist der Haupt-

feind. Das ist in anderen Bundesländern anders, dort war der Hauptfeind immer die ÖVP, das hängt natürlich mit den Mehrheitsverhältnissen zusammen. In Wien verlor die ÖVP mit dem Abgang von Erhard Busek beständig an Stimmen an die Freiheitlichen. Daher war spätestens seit Mitte der 1990er-Jahre klar: Wenn die FPÖ beginnt, auch bei uns Stimmen abzusaugen, ist die SPÖ in eine „Zweifrontenproblematik" verwickelt. Auf der einen Seite nehmen uns die aufstrebenden Grünen Wähler ab, auf der anderen die FPÖ. Es musste dem also so etwas wie ein urbanes, politisches Klammernarrativ entgegengesetzt werden. In Bezirken, in denen die FPÖ der SPÖ schon im Nacken saß, gab es Diskussionen darüber, ob man die Wähler eher zurückholt, indem man Inhalte der FPÖ übernimmt, oder ob der Kampf gegen ihre politischen Inhalte noch massiver zu führen ist.

In den Innenstadtbezirken hatte man eine ähnliche Diskussion – allerdings bezüglich der Grünen. Damals waren die Grünen in Wien noch ideologischer als heute. Es war die Zeit, in der viele Linke aus der Studentenbewegung bei den Grünen eingesickert sind. Auch Intellektuelle, die schon in den 1970er-Jahren die KPÖ verlassen hatten, engagierten sich nun bei den Grünen, die deshalb am Beginn ja auch darauf bestanden, nicht nur grün, sondern auch „alternativ" zu sein.

Es gab also einen Zangengriff auf die SPÖ, wir wurden von zwei Seiten bedrängt. Zu dieser Zeit gab es in keiner anderen Großstadt Europas eine sozialdemokratische Partei in einer solchen Lage, die dennoch fast 50 Prozent der Stimmen erreichte.

Die FPÖ, früher eine Honoratiorenpartei mit einem aus Notaren, Anwälten und Ärzten bestehenden Kernpublikum, war zu diesem Zeitpunkt schon so etwas wie eine „sozial-chauvinistische" Bewegung: Sozialleistungen ja, aber nur für „unsere Leute". Das sind Argumente, die natürlich durchaus auch bei Wählern Zuspruch fanden, die immer mit der SPÖ sympathisiert hatten.

Man musste also um den Charakter der SPÖ als internationale Arbeiterpartei ringen. Da gab es oft heftige Diskussionen. Die vier programmatischen Grundwerte der Sozialdemokratie sind Freiheit, Gleichheit, Gerechtigkeit und Solidarität. Aber wem gilt diese Solidarität? Gilt sie nur „unseren Leuten" oder gilt sie umfassend? Gilt die Solidarität zum Beispiel auch Flüchtlingen? Und wenn ja, welchen Flüchtlingen? Bei den Ungarn-Flüchtlingen war das klar, sie galt umfassend, ebenso bei den Tschechoslowaken, die 1968 nach Österreich geflüchtet waren. Bei den Polen, die 1980 vor Jaruzelskis Militärdiktatur flohen, hatten wir schon Diskussionen in der Partei. Bei den Flüchtlingen, die während der Balkankriege zu uns gekommen sind, war die Haltung bereits sehr ambivalent. Da gab es bei uns Leute, die sagten: „Passt schon, aber z'vü' san's." Gegenfrage: „Wären dir weniger lieber und wenn ja: wie viele genau?"

Damals herrschte an unserer Südgrenze Krieg, man sah die Bilder, man sah in den Nachrichten, wie jugoslawische Kampffugzeuge Grenzverletzungen in der Südsteiermark begehen. Das war eine andere Situation als heute. Die Leute fürchteten sich mehr vor einem neuen Krieg als vor Flüchtlingen, die man aufgrund der TV-Bil-

der ja irgendwie verstehen konnte. Aber von je weiter weg
Flüchtlinge bei uns ankamen, umso schwieriger wurde es.
Noch dazu waren es meist keine Christen, was im katholisch geprägten Österreich für zusätzliche Bedenken
sorgte – oder besser: sorgt.

Bei den Problemen, mit denen wir uns in der Politik
beschäftigen mussten, ging es meist gar nicht um Sicher-
heitsfragen. Die Kriminalitätsrate ist in Österreich heute,
laut Statistik des seit Langem von der ÖVP geführten
Innenministeriums, geringer als vor zehn Jahren, also
geringer als in der Zeit vor den großen Flüchtlingsbewegungen.

Es ging bei den Streitthemen eher um subjektive
Gefühle, die aber nicht von Fakten gestützt wurden: „Die
nehmen mir meinen Arbeitsplatz weg, die sind Konkurrenten beim Anstellen für eine Wohnung im Gemeindebau", lauteten die oft strapazierten Argumente. Man
konnte hundert Mal entgegnen, dass Asylwerber weder
arbeiten dürfen, noch Anspruch auf eine Gemeindewoh-
nung haben – den Unmut dämpfte das kaum.

Wobei banale Alltagsprobleme ohnehin weit öfter Ur-
sache dieses Unmuts waren. Denn es dauert natürlich
eine gewisse Zeit, bis Integrationsmaßnahmen und Sprach-
kurse fruchten. Und wenn du es vielleicht zu Recht nicht
akzeptieren willst, dass jemand im Wohnhaus ständig
seine Schuhe vor die Tür stellt, wie das in seinem Heimat-
land üblich war, und du mit dem nicht reden kannst, weil
er deine Sprache nicht versteht, schürt das Unmut. Man
sollte aber nicht vergessen, dass es im Gemeindebau auch
schon früher immer wieder Auseinandersetzungen gab,

etwa wenn Kinder lärmend im Hof spielten und sich der Hausmeister oder andere Hausparteien darüber aufregten, oder wenn ein Streit zwischen Nachbarn über irgendwelche Kleinigkeiten ausbrach. Und das waren alles autochthone Österreicher.

Bei der schon erwähnten Landtagswahl des Jahres 2005 war das erste Mal Heinz-Christian Strache einer meiner Gegner, er war damals FPÖ-Spitzenkandidat in Wien.

Es ist ein altes Prinzip, dass man auf einen am Boden Liegenden nicht hintritt. Das will ich auch jetzt nicht tun. Aber so chaotisch Jörg Haider auch den Wahlkampf 2001 geführt hatte, als er Helene Partik-Pablé ein paar Wochen vor der Wahl als Spitzenkandidatin ins Abseits stellte – Strache war mit ihm überhaupt nicht zu vergleichen. Er gab bloß ständig das an Sprüchen von sich, was ihm Herbert Kickl aufgeschrieben hatte. Haider hatte auch seine Texter gehabt, darunter denselben Kickl, aber der Großteil seiner bösen Sager kam tief aus ihm selbst heraus. Das ist der wesentliche Unterschied.

Haider war ein gebildeter Mensch, in all seiner Widersprüchlichkeit. Bei Strache war das anders. Mit ihm war selbst das Streiten kaum möglich, weil er immer nur Parolen absonderte. Eine ernsthafte inhaltliche Auseinandersetzung konnte man mit ihm nicht führen. Wahlkämpfer wie Jörg Haider oder auch Wolfgang Schüssel waren mir angenehmer, weil man doch immer wieder den Versuch unternehmen konnte, inhaltlich zu diskutieren, besonders mit Schüssel. Strache war bloß rassistisch und ausländerfeindlich. Das war alles und es war reichlich vordergründig.

Bei Debatten wurde er relativ rasch untergriffig. Bei Wahlkampfdiskussionen im Fernsehen redete er drei Mal hintereinander über meinen Sager vom G'spritzten: „Man bringe den Spritzwein." Daraufhin sagte ich zu ihm: „Seien Sie mir nicht böse, Herr Klubobmann, warum reden Sie dauernd über meine G'spritzten? Ich rede ja auch nicht ständig über Ihre Konsumgewohnheiten." Daraufhin war natürlich Ruhe. Seine Untergriffe waren außerdem völlig sinnlos: In Wien einem Bürgermeister vorzuwerfen, dass er G'spritzte trinkt, ist einfach absurd. Da fühlen sich etwa 70 Prozent der Bevölkerung beleidigt. Und niemand konnte mir jemals vorwerfen, dass ich mich betrunken in der Öffentlichkeit gezeigt hätte.

Dass Strache eine Vergangenheit als Rechtsradikaler hatte und bei sogenannten Wehrsportübungen herumgeballert hat, störte offensichtlich einen nicht geringen Teil der Wähler kaum. Aber jüngeren und gebildeteren Wählerschichten war es nicht egal, und zwar unabhängig davon, ob sie eher der linken oder eher der rechten Reichshälfte, insbesondere der katholischen, zuzuzählen waren. Bei weiten Teilen jener Wähler, die aus dem „neuen Proletariat" kamen, wie man das heute nennt – ich halte von der Begrifflichkeit überhaupt nichts –, war das etwas anderes.

Das ist bis zu einem gewissen Grad auch nachvollziehbar. Natürlich ist Menschen, die kein materiell abgesichertes Leben haben, wichtiger, wie sie ihre Familie ernähren können, wie sie ihren Kindern eine entsprechende Bildungskarriere ermöglichen können, wie sie sich das Wohnen leisten können. Das sind Menschen, die sich jedes Jahr fragen müssen: Kann ich heuer auf Urlaub fahren? Denen sind Straches Wehrsportgeschichten ziemlich egal, ihnen sind andere Fragen wichtiger, wobei natürlich die FPÖ auch darauf keine taugliche Antwort hat.

Deswegen punkteten wir in Wien als Sozialdemokraten immer dann, wenn wir auch materiell nachvollziehbare Handlungen setzten, zum Beispiel mit dem kostenlosen Kindergarten. Das war in Wirklichkeit eine Mittelstandsförderung, weil jene, die wenig Geld hatten, schon zuvor nichts bezahlen mussten. Aber das war nicht nur materiell, sondern auch von der Symbolik her etwas, das die Leute sehr goutierten. Für uns war damals die Frage der Abschaffung der Kindergartenbeiträge ein Ergebnis der Diskussion darüber, was der Kindergarten sein soll. Ist er eine Kindergarderobe, in der man die Kinder abgibt, weil man berufstätig ist und sie am Abend wieder holt? Oder ist er die erste Bildungseinrichtung? Letzteres ist meine Position. Und wenn man zum Schluss kommt, dass er die erste Bildungseinrichtung für Kinder ist, kann man keine soziale Barriere aufrechterhalten. Deswegen haben wir den Kindergartenbeitrag abgeschafft. So wie wir in der Wiener SPÖ auch immer gegen die Hochschulgebühren waren. Die kostenlosen Schulbücher und die Abschaffung der Studiengebühren waren Maßnahmen der Regierung Kreisky in den 1970er-Jahren. Auch das waren Symbole für unser Verständnis von Bildungspolitik. Einer der fundamentalsten Fehler war, dass wir das nicht konsequenter durchzogen haben.

Sonja Wehsely, Renate Brauner, Michael Häupl und Ulli Sima

Nach der Wahl von 2005 traten Renate Brauner, Sonja Wehsely und Sandra Frauenberger in den Stadtsenat ein. Renate und Sonja kamen aus der Sozialistischen Jugend, Sandra aus der Gewerkschaft. Wie fast alle aus meinen Teams hatten sie also eine „Partei-Vergangenheit": Werner Faymann war Vorsitzender der Wiener SJ. Christian Oxonitsch, er wurde für viele Jahre Klubobmann, kam von den Roten Falken, Grete Laska, meine erste Vizebürgermeisterin, von den sozialdemokratischen Junglehrern, Rudolf Schicker war bei den Sozialistischen Mittelschülern und der Jungen Generation.

Sie alle waren also schon als junge Leute politisch tätig und wurden entsprechend geprägt. Alle waren ideologiefeste Sozialdemokraten und Sozialdemokratinnen. Vor allem die Damen hatten auch sehr pointierte Vorstellungen von der Rolle der Frau in der Politik und natürlich gab es da manchmal Meinungsunterschiede. Aber die gibt es immer und man kann jede Diskussion zum Streit hochstilisieren – das ist übrigens eine besonders beliebte Sportart von Journalisten. Ich sah das immer völlig anders: Wenn es in einer Partei wie der Sozialdemokratie keine Diskussionen gibt, sind wir tot. Selbstverständlich soll es Diskussionen geben, selbstverständlich hat es auch Auseinandersetzungen zu geben. Ich habe da nie ein Problem darin gesehen. Im Gegenteil: Wenn nicht diskutiert worden wäre, hätte ich das ziemlich arg gefunden. Aber es ist gescheiter, man diskutiert im Wohnzimmer und nicht auf dem Balkon.

Natürlich gab es in der Wiener SPÖ auch die Haltung: Wir müssen jetzt unsere Leute aus unserem Bezirk – wer immer das auch ist – in den Parteivorstand, ins Parteipräsidium oder in den Stadtsenat bringen. Das war ein beliebtes Hobby in der Wiener Sozialdemokratie: die sogenannte politische Geografie, wie ich das einmal nannte. Große Bezirke hätten demnach quasi ein Anrecht darauf, dass sie ein Mitglied in die Stadtregierung entsenden dürfen.

Ich war hingegen der Auffassung: Wir brauchen die Besten im Stadtsenat und es ist eigentlich egal, aus welchem Bezirk sie kommen. Ich habe Michael Ludwig als Vizebürgermeister vorgeschlagen, weil ich ihn einfach gut fand, und nicht weil er Bezirksparteiobmann des großen Bezirks Floridsdorf war. Er hätte genauso gut aus einem Innenstadtbezirk kommen können.

ZURÜCK
IM KANZLERAMT

B ald nach der Wiener Landtagswahl, bei der wir diese wunderbaren 49 Prozent erreicht hatten, stand die Nationalratswahl auf dem Programm. Alfred Gusenbauer war als Parteivorsitzender, der bei der vorangegangenen Wahl deutlich hinzugewonnen hatte, natürlich auch diesmal der Spitzenkandidat der SPÖ. Wir handelten nach dem Prinzip Hoffnung, das aber mit einer hohen Motivation.

Es war ein starker Wahlkampf. Gusenbauer war enorm fleißig und auch enorm gescheit. Es ist bei Politikern ja ein bisschen so wie bei Sportlern: Man arbeitet wahnsinnig lange und hart, man opfert viel Zeit und Energie und dann geht das auf und du hast Erfolg. Das ist ein tolles Gefühl. Wir haben uns alle sehr gefreut, dass es dank Alfred Gusenbauers Einsatz wieder einen sozialdemokratischen Bundeskanzler gab.

Aber das war auch ein Verdienst von Wolfgang Schüssel. Wir haben die Wahl gewonnen, und das, wie ich glaube, auch verdient. Aber ebenso hat sie Wolfgang Schüssel verloren. Die Sozialdemokratie und insbesondere Alfred Gusenbauer haben die Situation geschickt genutzt. Es war ein klug geführter Wahlkampf. Aber es war eben nicht nur unser Triumph, sondern auch die Schwäche Wolfgang Schüssels in dieser Phase. Es ist wie bei einem Fußballspiel. Wenn man die Schwächen des Gegners geschickt nutzt, gewinnt man verdient, aber der andere verliert auch verdient und hat zu dieser Niederlage einiges beigetragen.

Alfred Gusenbauer war in diesem Moment ein Star. Wenn du Wahlen gewinnst, bist du ein Held. Zu Recht war das bei ihm auch so. Bruno Kreisky sagte einmal: Popularität ist dazu da, um verbraucht zu werden. Alfred Gusenbauer hat dieses Motto später leider überstrapaziert.

Es gab nach den Wahlen Regierungsverhandlungen mit der ÖVP, und in der SPÖ, vor allem in den Jugendorganisationen, machte sich zunehmend das Gefühl breit, man habe die Wahlen gewonnen, aber die Regierungsverhandlungen verloren. Entzündet hatte sich der erste Unmut an der Frage der Studiengebühren, deren Beibehaltung die nach wie vor von Wolfgang Schüssel dirigierte ÖVP zur Koalitionsbedingung machte.

Öffentlich aktiv wurden zuerst die Studierenden, also vor allem der VSStÖ. Aber es waren nicht die Studierenden allein, die von den Regierungsverhandlungen enttäuscht waren. Die Wiener Partei hielt sich mit Kritik zurück, weil es Loyalität mit dem Wahlsieger gab, aber

Diskussionen gab es auch hier – und das nicht nur über die Frage der Studiengebühren, sondern auch über die Ressortverteilung. Diese Diskussionen gingen bald weit über die Jugendorganisationen hinaus: das Außenministerium bei der ÖVP, das Finanzministerium bei der ÖVP, das Innenministerium bei der ÖVP – dafür bekamen wir freundlicherweise das Verteidigungsministerium.

Und das wurde mit Norbert Darabos besetzt, der augenscheinlich nicht der Richtige für diesen Job war. Norbert war durchaus ministrabel. Ich hätte ihm ein Kulturministerium gegeben, oder auch die Bildung. Da hätte er sicher reüssiert, er ist ein gescheiter und extrem sensibler Mann. Beim fiktiven 80. Geburtstag von Fred Sinowatz im Jahr 2009 – Sinowatz war ein Jahr zuvor gestorben – hielt Norbert Darabos eine hinreißende Rede. Aber ihn zum Verteidigungsminister zu machen war eine Form von Humor, die ich nur schwer nachvollziehen konnte. Er selbst wohl auch.

Dabei ging es gar nicht darum, dass er Zivildiener war. Das geht in Ordnung. In anderen großen Ländern werden Frauen, die noch dazu zu diesem Zeitpunkt schwanger sind, Verteidigungsministerin, wie etwa in Frankreich. Ich finde das gut. Es stört mich nicht, dass auch unser Verteidigungsressort von einer Frau geführt wird. Aber Norbert Darabos hätte ich die Führung vieler Ministerien zugetraut – zum Verteidigungsminister oder zum Innenminister hätte ich ihn nicht gemacht.

Wolfgang Schüssel war Bundeskanzler, wurde abgewählt und zog sich dennoch nicht aus der Politik zurück, sondern wurde Klubobmann seiner Partei im

Nationalrat. Es war klar, dass er nicht erpicht darauf war, dass die Regierung Gusenbauer großen Erfolg hat.

Schüssel mochte die Sozialdemokraten einfach nicht. Für ihn war die Nachkriegsära zu Ende, in der sich die beiden großen Lager, also Sozialdemokraten und Christlich-Soziale, über die Gräber der Schlachtfelder und der Konzentrationslager hinweg die Hände reichen und gemeinsam das Land wiederaufbauen. Seine Ablehnung sozialdemokratischer Ideen und Vorstellungen fußt auf einer bei ihm sehr stark verankerten Ideologie: konservativ bei den sogenannten Überbauthemen und neoliberal in der Ökonomie.

Das änderte sich natürlich auch nicht, nachdem Gusenbauer die Wahl gewonnen und er sie verloren hatte. Die Wahlniederlage hielt er für einen Irrtum der Geschichte und des Volkes. Dieser Auffassung ist er bis heute.

Klubobmänner sind in der politischen Arbeit wichtige Leute und Schüssel hat einen guten Teil dazu beigetragen, dass die Regierung Gusenbauer nicht wirklich auf die Füße kam. Wenn du jeden Gesetzesentwurf immer danach abklopfst, wie viel Sozialdemokratie in ihm enthalten ist, und versuchst, selbst noch die letzten Reste herauszufiltern, dann ist das der Arbeit einer Koalitionsregierung nicht dienlich.

Damals gab es – was man natürlich nicht erkennen konnte – noch eine interessante Weichenstellung: Wohnbaustadtrat Werner Faymann wechselte in die Bundesregierung und Michael Ludwig folgte ihm in der Wiener Stadtregierung nach. Michael Ludwig war Geschäftsführer der Volkshochschulen, Leiter des Wiener Renner-

Instituts und seit 1999 Mitglied des Gemeinderats. Zuvor war er schon einige Jahre im Bundesrat gesessen, wo sich der Fraktionsführer der SPÖ, der leider schon verstorbene und von mir hochgeschätzte Albrecht Konecny, sehr engagiert um den politischen Nachwuchs kümmerte.

Gleichzeitig mit dem Eintritt Michael Ludwigs in die Stadtregierung musste ich also 2006 Werner Faymann an die Bundespolitik abgeben. Werner war SJ-Obmann, als ich JG-Obmann wurde. Wir saßen gemeinsam im Wiener Ausschuss der Partei in der letzten Reihe, die zwei einzigen Jugendfunktionäre. Wir hatten immer ein sehr gutes Verhältnis und entgegen dem, was nachher irgendwelche intellektuellen Flachwurzler erzählt haben, hielt das bis zum Schluss. Wir haben es auch heute noch, obwohl wir uns jetzt natürlich viel weniger oft sehen. Aber Werner war einer, der das Handwerk der Politik wirklich gut beherrschte. Auch wenn er nie in dem Sinn ein ausgewiesener Linker war, der sich in intellektuellen Zirkeln der Partei herumgetrieben hätte, war er ein ideologiefester Sozialdemokrat.

Alfred Gusenbauer machte Werner Faymann also zum Infrastrukturminister. Das war kein uninteressanter Job, weil die gesamte ÖBB und auch der Autobahnbau zu ihm ressortierten. Im Infrastrukturministerium ist außerdem ein Forschungsfonds angesiedelt, jener für die betriebliche Forschungsförderung, eine eminent wichtige, gut dotierte Einrichtung.

Gusenbauer hatte es angesichts der Querschüsse von Wolfgang Schüssel von Beginn an nicht leicht, aber das wäre zu bewältigen gewesen. Der Grund, warum er zunehmend Schwierigkeiten bekam, waren in erster Linie seine gelegentlich eigenwilligen Ideen in der eigenen Partei, zum Beispiel seine Probleme mit den Gewerkschaftern.

Bruno Kreisky hatte uns vorgeführt, wie sozialdemokratische Politik im Einvernehmen mit der roten Gewerkschaftsfraktion gemacht werden kann. Die Gewerkschafter hatten ja beim Parteitag 1967 gegen ihn als Vorsitzenden gestimmt, dennoch hat Kreisky die Gewerkschaft immer als ganz wichtigen Teil der Sozialdemokratie gesehen. Er hatte in seiner Amtszeit ein gutes Verhältnis zu ÖGB-Präsident Anton Benya, obwohl dieser am Parteitag 1967 die Anti-Kreisky-Front angeführt und eine äußerst aggressive Rede gegen ihn gehalten hatte.

Aber es war immer klar, wer regiert, und das war nicht die Gewerkschaft. Das ist, was wir in der politischen Theorie als Primat der Politik bezeichnen. Sozialdemokratische Politik macht die Partei und nicht die Gewerkschaft, aber diese ist in einer Einheitsgewerkschaft über die Fraktion immer miteinbezogen.

Die Rolle der Gewerkschaften hat sich seither verändert und auch das Führungspersonal hat sich seit der Ära Benya verändert. Ich glaube ja, dass die Gewerkschaften viel entwicklungsfähiger und veränderungsfreudiger sind als die Vertreter der Wirtschaft, wie man am derzeitigen ÖGB-Präsidenten Wolfgang Katzian sieht, einer wirklich erfrischenden Bereicherung der österreichischen Politik.

Das Verhältnis zwischen Alfred Gusenbauer und den Gewerkschaftern blieb leider bis zuletzt gespannt. Es war natürlich auch nicht sehr förderlich, dass er sich in der Frage der Studiengebühren mit den Jungen angelegt hat.

Der VSStÖ steht vor einer anderen Situation als die Partei, er muss sich alle zwei Jahre Wahlen in der Hochschülerschaft stellen. Ich war selbst drei Jahre lang Bundesvorsitzender des VSStÖ, ich kenne das Problem.

Es gab jedenfalls in der Frage der Studiengebühren auch die Solidarität der Jungen in der SPÖ, die nicht studierten, und die ging weit in die Wiener Partei hinein. Aber natürlich war die Loyalität zum Bundesparteivorsitzenden zu dem Zeitpunkt noch sehr groß.

Werner Faymann hatte aus seiner Zeit als Wohnbaustadtrat ein gutes Verhältnis zu verschiedenen Zeitungen, vor allem zur „Kronen Zeitung", deren Herausgeber Hans Dichand er auch regelmäßig im Kaffeehaus traf. Darüber wurde natürlich auch in der Partei gemunkelt.

Werner hatte ja eine sehr persönliche Art, Politik zu machen. Er versuchte durch Gespräche, persönliche Beziehungen und durch den Aufbau einer Art von Freundschaft Loyalitäten zu erzeugen. Die „Kronen Zeitung" ist ein Boulevardblatt, über dessen inhaltliche Ausrichtung man natürlich diskutieren kann. Es gibt dort bis heute einige Kolumnisten, mit denen ich in keiner Weise inhaltlich übereinstimme. Ich war mit Herrn Dichand senior auch immer per Sie und ich habe ihn durchaus geachtet. Er war zweifelsohne ein sehr erfolgreicher Medienmacher, aber wir hatten auch immer wieder inhaltliche Diskussionen. Mir war aber klar: Will man etwas in der Stadt durchsetzen, wie damals etwa das Museumsquartier, dann muss man versuchen, sich mit der „Kronen Zeitung" zu arrangieren, weil sonst bietest du der FPÖ diese Möglichkeit zum Arrangement. So tickt sie halt, die Boulevardpresse.

In der Museumsquartier-Frage ist es der FPÖ fast gelungen, die „Kronen Zeitung" gegen das Projekt zu mobilisieren. Das haben wir aber erfolgreich unterbunden. Man hat mir dann vorgeworfen, dass ich den Leseturm geopfert hätte. Na bitte. Ich musste in meinem politischen Leben schon größere Opfer bringen als einen Turm, über dessen architektonische Qualität man sowieso reden konnte und dessen Funktion immer unklar war. Die „Kronen Zeitung" stellte schließlich ihre Kampagne ein und damit konnte das Museumsquartier durchgesetzt werden.

Das ist eine nicht besonders erfreuliche Wirklichkeit. Aber es ist Teil dessen, was auch zur Politik gehört, dennoch hatte ich nicht das Gefühl, dass ich deshalb mit allzu großem persönlichen Einsatz Politik machen muss. Ich blieb zu Machtträgern wie Zeitungsherausgebern eher auf Distanz.

Werner machte das gern und er war nicht unerfolgreich. Sein Verhältnis zu Angela Merkel etwa war sehr von seinem persönlichen Zugang zu ihr geprägt und hat sicher dabei mitgeholfen, dass die deutsche Bundeskanzlerin während der Flüchtlingswelle im Herbst 2015 die Grenze offen ließ. Das hätte alles auch ganz anders ausgehen können.

Ich kritisiere Werner Faymanns sehr persönliche Methode, Politik zu machen, nicht grundsätzlich. Um aber auch das zu sagen: Ich hätte nie diesen später zu Recht heftig diskutierten „Brief" an Hans Dichand geschrieben, in dem Gusenbauer und Faymann dem „Kronen Zeitung"-Herausgeber versprachen, künftig jede Änderung des EU-Vertrags einer Volksabstimmung zu unterziehen. Dafür hatte die „Krone" damals gerade kampagnisiert und Hans Dichand hatte sogar persönlich an Veranstaltungen der EU-Gegner teilgenommen.

Dieser Brief – es war ja eigentlich eine öffentliche Hingabe – hat damals in Teilen der SPÖ nachhaltig Bitterkeit hinterlassen. Aber sowohl die Briefschreiber wie auch der Briefempfänger haben den Einfluss der „Kronen Zeitung" aus meiner Sicht maßlos überschätzt. Die Zeit, in der das Blatt Bürgermeister stürzen konnte, wie damals im Fall von Felix Slavik, war lange vorbei. Und als dieser Brief geschrieben wurde, also 2008, war auch der Einfluss der „Kronen Zeitung" auf die Wählerschaft schon überschaubar.

Das war früher anders gewesen: Wenn ich als junger Gemeinderat in die Sektionen fuhr und ich hatte die heutige Ausgabe der „Krone" nicht gelesen, musste ich erst gar nicht das Sektionslokal betreten. Und wenn du sie gelesen hattest, wusstest du, welche Fragen kommen werden. Ich weiß, wovon ich rede: Im ersten Jahr, in dem ich Gemeinderat war, hielt ich 183 Vorträge in Sektionen und Organisationen der Wiener SPÖ und die Berichterstattung der „Kronen Zeitung" und damit auch den Bewusstseinsstand vieler meiner Zuhörer musste ich bei meinen Vorträgen immer mitdenken.

Das ist alles längst vorbei. Die meistgelesene Zeitung in der Stadt ist „Heute". Das hängt natürlich mit dem Format zusammen – beide Blätter erscheinen im Kleinformat –, außerdem ist „Heute" eine Gratiszeitung und kannibalisiert die „Krone". Wobei die meisten Sachen heute ohnehin im Internet gelesen werden. Junge Leute im Alter meines Sohnes lesen keine Zeitungen mehr, sie lesen alles im Netz, und immer mehr Ältere machen das auch. Ich nicht, ich bin noch eher der haptische Typ und brauche Papier. Aber ich nehme mir heute das Privileg heraus, nicht mehr jede Zeitung zu lesen. Das muss nicht mehr sein.

Dass die „Krone" Werner Faymann gefeiert und gleichzeitig meine Finanzstadträtin und Vizebürgermeisterin Renate Brauner regelmäßig und untergriffig kritisiert hat, sorgte natürlich für Verbitterung. Ich habe darüber wiederholt mit dem Herausgeber und Chefredakteur, also mit Hans Dichand, gesprochen und es gab auch Gespräche mit Redakteuren. Immer, wenn ich meine Gesprächstour gemacht hatte, wurden diese Untergriffe etwas seltener, bald änderte sich das aber wieder. Renate Brauner und auch Sonja Wehsely sind bis heute immer wieder Opfer solcher Attacken.

Hauptakteur derartiger Artikelserien war der „Krone"-Redakteur Richard Schmitt, der heute eine von Förderern von Sebastian Kurz finanzierte Website betreibt. Auch Gesundheits-Stadträtin Liesl Pittermann wurde eine seiner Zielscheiben. Dabei ging es um die damals leider wirklich sehr problematische Situation unserer Alters- und Pflegeeinrichtungen. Es gab noch die großen Altersheime mit riesigen Pflegesälen, wie zum Beispiel jenes in Lainz. Das war etwas, was auch bei unseren Leuten die Wirkung nicht verfehlte: Die Roten kümmern sich nicht mehr um unsere Alten. Und das war ein schmerzhafter Vorwurf, es gab damals auch eine deutliche Umfragedelle.

Die Kritik hatte eine gewisse Berechtigung, deswegen tat sie ja so weh. Bei Vorwürfen, die nicht berechtigt sind, muss man Medienarbeit machen. Aber bei den berechtigten musst du inhaltlich arbeiten. Und das haben wir mit dem Geriatriekonzept getan. Wir haben zehn Altenheime gebaut, in denen es nur noch Zweibettzimmer gibt. Dann war das erledigt.

Ab der Jahreswende 2007/08 hatte Alfred Gusenbauer immer schlechtere Umfragewerte. Hat Werner Faymann damals seine Chance gewittert, Gusenbauer nachzufolgen?

Werner hatte meinen Wahrnehmungen nach ursprünglich andere Vorstellungen. Er hatte sich vor seinem Abgang in die Bundespolitik mit dem Gedanken getragen, Wiener Finanzstadtrat zu werden. Ich habe ihm damals, ahnend, worum es ihm wirklich ging, gesagt: „Wenn du einmal Bürgermeister werden willst" – und das wollte er offenkundig –, „dann werde lieber nicht Finanzstadtrat. Der einzige Finanzstadtrat, der jemals Bürgermeister wurde, war Felix Slavik. Und unser beider Mentor, der Hans Mayr, wusste genau, warum er nicht Bürgermeister wird und das auch nicht anstrebt. Als Wohnbaustadtrat kannst du Bürgermeister werden, wie ich als Umweltstadtrat Bürgermeister wurde."

Der Finanzstadtrat ist zwar innerhalb einer Stadtregierung mächtig, aber er muss relativ oft Nein sagen. Er ist also im Regelfall nicht der Beliebteste und er soll es auch nicht sein. Ein Ausnahme-Finanzstadtrat, der geliebt wurde, war mein Freund Rudolf Edlinger: Er konnte offenbar so charmant Nein sagen, dass man ihn trotzdem mochte. Zu Werner Faymann habe ich damals auch gesagt: „Du musst selbst entscheiden, ob du es erwartest, bis ich weg bin. Und du kannst natürlich auch aus der Bundespolitik als Bürgermeister zurückkommen, wie das Helmut Zilk und vor ihm Leopold Gratz getan haben."

Wäre mir Werner Faymann als Nachfolger recht gewesen? Im Prinzip ja. Aber ich sehe mich nicht als Großbauer, der den Erbhof an seinen Nachfolger übergibt und dann ins Ausgedinge schlurft. Das ist in der Politik eine völlig absurde Vorstellung.

Offensichtlich hat Werner das zu lange gedauert, ich war damals ja erst 58, und er hat den Plan aufgegeben, Bürgermeister zu werden.

Zu dieser erwähnten Jahreswende 2007/08, als er stetig schlechtere Umfragewerte hatte, konnte Alfred Gusenbauer immer öfter seinen Frust nicht verbergen. Das war angesichts der schamlosen Obstruktion der ÖVP in der Regierung durchaus verständlich. Aber in seinem Frust stand sich Alfred immer öfter selbst im Weg. Ich erinnere nur an das von einer ORF-Kamera mitgeschnittene Zitat vor einer Parteiveranstaltung, als er fragte, ob da heute endlich einmal etwas Gescheites geredet werde oder ob es „das übliche Gesudere" sei. Das kam tief aus innerem Frust heraus und wurde rasch ein geflügeltes Wort, das bis heute herumflattert.

Er machte dann Sachen, die man sich vorher nicht vorstellen konnte. Ein Beispiel: Bei einer Sitzung des Parteipräsidiums ging es um das mit großen Schwierigkeiten von der Parteizentrale erstellte Budget der Bundespartei. Es war nach langen Gesprächen mit den Landesorganisationen und der SPÖ-Gewerkschaftsfraktion ausgehandelt worden. Ich führte damals in der Präsidiumssitzung turnusmäßig den Vorsitz. Das Budget wurde vom Parteisekretär vorgestellt und ich fragte, ob es dazu eine Wortmeldung gebe. Es gab keine. Sage ich: „Ihr seid alle einverstanden?" – „Ja, ja, wir sind einverstanden." Ich sage: „Gut, dann lasse ich formell abstimmen. Gibt es eine Gegenstimme?" Zeigt plötzlich der neben mir sitzende Alfred Gusenbauer auf und sagt, er sei gegen dieses Budget. Alle Sitzungsteilnehmer sind vor Schreck erstarrt: Der Parteivorsitzende stimmt dagegen, das gab es noch nie. Und was tun wir jetzt? Ich schaute in die Runde und sagte: „Gut, das Budget ist gegen eine Stimme angenommen, nächster Tagesordnungspunkt." Alfred hat gesagt, er sei dagegen, weil das Budget zu wenig Einsparungen enthalte, aber in Wahrheit war es purer Frust, der ihn so agieren ließ.

Es war also absehbar, dass er spätestens beim nächsten Parteitag erhebliche Schwierigkeiten bekommen würde, nicht zuletzt, weil die Gewerkschafter einigermaßen geschlossen gegen ihn waren.

In dieser Phase gab es dann also im Frühsommer 2008 diesen schon erwähnten fatalen „Brief" von Gusenbauer und Faymann an Hans Dichand.

Selbstverständlich kann man darüber diskutieren, ob grundsätzliche Verträge, etwa das Acquis communautaire (der „gemeinsame Besitzstand", also alle Rechte und Pflichten, die für alle Mitgliedstaaten verbindlich sind), das ja im Grenzbereich zu einer europäischen Verfassung steht, bei gravierenden Änderungen einer Volksabstimmung unterzogen werden sollen. Aber einen Automatismus bei jeder auch noch so kleinen Vertragsänderung?

Gusenbauer war im Grunde seiner Seele ein absoluter Zentrist. Der demokratische Zentralismus war für ihn nicht Programm, sondern Wesen. Und auf einmal gesteht er der „Kronen Zeitung" so etwas zu? Diesen Schwenk konnte niemand nachvollziehen.

Wenn man sich in der Partei hinsetzt und das ordentlich diskutiert – einverstanden. Man kann das ergebnisoffen machen, das ist eine legitime Diskussion. Aber es geht nicht, dass du ohne irgendeine Debatte einem Medium das zugestehst, das glücklicherweise ja gar nicht die Entscheidungsmacht in solchen Fragen hat, die hat immer noch das Parlament. Es ist also nicht nur eine Missachtung der Partei und der Parteiendemokratie, sondern auch des Parlaments. Noch einmal: Ich hätte das nicht gemacht.

Wie es zu diesem Brief gekommen ist, welche Rolle Werner Faymann dabei gespielt hat, weiß ich nicht. Ich war in diese Brief-Sache nicht involviert. Ich las ihn dann in der Zeitung. Die daraufhin entbrennende Diskussion in der Partei war nicht angenehm. Auch viele Leute, die der Sozialdemokratie nahestanden, aber nicht Funktionäre waren, haben nicht wirklich ihre Hände zum Beifall gerührt, um es freundlich zu formulieren. Es hat sogar Parteiaustritte gegeben, wiewohl nicht massenhaft, weil die Massen das alles nur mäßig interessiert hat.

In dieser Situation führte ich mit Werner Faymann ein Gespräch. Für den Fall, dass Gusenbauer aufgibt, wollte er mich bewegen, das Amt des Parteivorsitzenden zu übernehmen. Und er war nicht der Einzige, der das an mich herangetragen hat. Aber es gab nur eine kurze Diskussion. Ich habe sofort gesagt, ich mache das nicht, weil damit mein Ausscheiden aus dem Amt des Bürgermeisters verbunden gewesen wäre.

Es gab auch in den Ländern eine Menge Unmut, Alfred hatte innerparteilich zu viele Leute verärgert. Für mich war die Situation schwierig, weil ich grundsätzlich der Meinung bin, ein Vorsitzender habe Anspruch auf Loyalität, bis zum Beweis des Gegenteils. Aber über klare Mehrheiten kommt in einer Partei niemand hinweg. Das muss man zur Kenntnis nehmen.

Alfred Gusenbauer hat dann von sich aus aufgegeben, er wurde nicht abgesetzt. Der Unterschied spielt für die Massenpsychologie einer Partei eine große Rolle.

Werner Faymann übernahm beide Ämter, Parteivorsitz und Kanzlerschaft, von Alfred Gusenbauer und setzte die Koalition mit der ÖVP fort. Manche Politikwissenschaftler vertreten die Ansicht, eine Koalition zwischen den beiden historischen Lagern – Christlich-Soziale und Sozialdemokraten – könne wegen der grundsätzlichen Auffassungsunterschiede in zentralen Fragen nur in Ausnahmezeiten, wie etwa der Nachkriegsära, funktionieren. Aber ich denke nicht, dass solche Koalitionen quasi „automatisch" zum Scheitern verurteilt sind: Es hängt von den Personen ab, die sie tragen.

Ich glaube heute, dass der persönliche Faktor in der Politik eine wichtige Rolle spielt, in Jugendzeiten hatten wir eher an historische Gesetzmäßigkeiten geglaubt.

Werner Faymann und Michael Häupl
bei einer Wahlkampfveranstaltung 2008

Wenn die Personen einigermaßen gut miteinander aus-
kommen, wenn ein Minimum an Vertrauen da ist, dann
kann eine solche Koalition schon funktionieren. Mit Per-
sönlichkeiten wie Reinhold Mitterlehner oder Josef Pröll
können Sozialdemokraten durchaus koalieren, wenn es
nicht ständig Querschüsse aus den eigenen Lagern gibt.
Schwierig wurde es, als der spätere Herr Bundeskanzler
in der Bundesregierung mit seinen spalterischen Aktionen begann. Seither sind SPÖ und ÖVP immer weiter
auseinandergedriftet, weil von Beginn an völlig klar war:
Sebastian Kurz will die SPÖ nicht. Das ist keine bösartige
Unterstellung, das ist ein Befund.

Eine Koalition SPÖ/ÖVP auf Bundesebene lässt natürlich rechts eine weite Flanke offen, wie sich 2016 und im

ersten Halbjahr 2017 gezeigt hat. Im Nachklang der großen Flüchtlingsbewegungen lag damals die Strache-FPÖ in den Umfragen monatelang auf Platz eins.

Die FPÖ operierte meist auf zwei Ebenen: Bei Themen wie der Migrationsfrage zog sie rechts an der ÖVP vorbei, indem sie selbst vor rassistischen Auslassungen nicht zurückschreckte. In manchen Feldern der Sozialpolitik positionierte sie sich hingegen sogar links von der SPÖ. Es gibt schließlich gar nicht so wenige Wähler, die in der sozialen Frage durchaus mit der SPÖ sympathisieren, aber in der Flüchtlingsfrage eher mit der FPÖ. Je nachdem, welches Thema gerade als aktuell angesehen wird und medial entsprechend präsent ist, trifft diese Wählergruppe ihre Wahlentscheidungen.

Heute gelingt es eher der ÖVP, Wähler mit einer sehr weit rechts stehenden Politik von der FPÖ zurückzugewinnen, als dies der SPÖ mit einer prononcierten Sozialpolitik gelingt.

Bald nach der Bildung der Regierung Faymann I machte ich einen Vorschlag, der für heftige Diskussionen sorgte: Ich meinte, es wäre an der Zeit, die allgemeine Wehrpflicht durch die Einführung eines Berufsheers zu ersetzen. Das war das Aufgeben einer traditionellen Position der SPÖ. Nach den Vorgängen des Jahres 1934 lautete diese: Es kommt für die Sozialdemokraten nur mehr ein Volksheer infrage, ein Berufsheer sei eine potenzielle Putscharmee. Aber wir lebten 2010 nicht mehr im Jahr 1934 oder in der dramatischen Zwischenkriegszeit. Wir hatten eine lange Periode des Friedens hinter uns, der Staat hatte sich nicht mehr auf die Seite einer der sozialen

Klassen geschlagen. Das Bundesheer hatte mit dem Beitritt zur Europäischen Union eine völlig andere Funktion bekommen, was die Verteidigung der Grenzen nach außen betraf. Mit Ausnahme der Schweiz grenzt Österreich heute nur an EU-Staaten.

Das Bundesheer hat im Wesentlichen zwei Aufgaben: internationale Hilfsleistungen im Auftrag der UNO, also friedenssichernde Interventionen; und das Zweite ist der Katastrophenschutz. Ich will das Bundesheer keineswegs auf eine Berufsfeuerwehr reduzieren, aber es kann selbstverständlich Hilfe nach innen leisten, und das nicht nur im Katastrophenfall, wie wir das ja auch bei der Covid-19-Pandemie erleben. Meiner Auffassung nach ist ein Berufsheer für eine professionelle Form moderner Landesverteidigung eine adäquatere Antwort als ein sogenanntes Volksheer.

Später gab es eine Volksbefragung zu diesem Thema und die Mehrheit sprach sich für die Beibehaltung der Wehrpflicht aus, wobei allerdings im Zentrum der Diskussion nicht Fragen der Wehrpolitik standen, es ging nur noch um die Zivildiener: Haben wir dann noch genügend davon, denn der Zivildienst würde ja auch abgeschafft werden? Dass dieses Argument von Leuten eingebracht wurde, die den Zivildienst nie wollten und ihn immer bekämpft hatten, war eine besondere Spezialität dieser Debatte. Sie spielten sich plötzlich als Verteidiger des Zivildienstes auf.

Mir schwebten ein Freiwilligenheer und ein Freiwilligen-Zivildienst vor. Die Gegner des Berufsheeres argumentierten, es würden sich nicht genügend Freiwillige für den Sozialdienst finden. Ich glaube nicht, dass das der Fall gewesen wäre. Es wäre eine Frage der Attraktivität dieses Dienstes und der Argumentation dafür gewesen. Aber es ist schon richtig: Es war mein Fehler, dass ich die Frage des Zivildienstes viel zu wenig in den Vordergrund gestellt habe. In Wien und in der einen oder anderen Stadt gab es ja eine Mehrheit für das Berufsheer. Sonst halt kaum wo. Es war das übliche politische Stadt-Land-Gefälle, das wir in vielfacher Hinsicht auch heute beobachten.

2010 führten wir in Wien eine Volksbefragung zu kommunalpolitischen Themen durch. Dabei ging es auch um die Nacht-U-Bahn an Wochenenden, für die sich eine klare Mehrheit aussprach. Später hieß es, das sei eine Forderung der Jungen ÖVP unter ihrem Vorsitzenden Sebastian Kurz gewesen. Aber eine Nacht-U-Bahn haben auch die Jugendorganisationen der SPÖ gefordert und ich war ebenfalls dafür. Wenn man am Land aufwuchs, erinnert man sich, wie viele tote junge Leute es gab, die Freitag oder Samstag in der Nacht von Disco zu Disco gefahren waren. Als dann auch am Land öffentliche Verkehrsmöglichkeiten angeboten wurden, verringerte sich die Zahl der Unfalltoten dramatisch.

Ich war also durchaus auch für die Nacht-U-Bahn. Dass diese nachträglich der Jungen ÖVP gutgeschrieben wurde, ist ein altes Problem, vor dem ich als Jugendfunktionär selbst oft stand: Wenn du in den Medien vorkommen willst, musst du als SPÖ-Jugendorganisation sehr grob zur eigenen Partei sein, dann interessieren sich die Zeitungen für dich. Als die junge ÖVP in einer kommunalpolitischen Frage das Gleiche forderte wie die junge

SPÖ, hatte sie in bestimmten Blättern die Titelseite, was der jungen SPÖ immer nur gelang, wenn sie von Bruno Kreisky gemaßregelt wurde.

Es gab aber viele, meist Ältere, in der eigenen Partei, die diese Nacht-U-Bahn nicht wollten, und die vor allem Sicherheitsargumente dagegen vorbrachten. Diese Befürchtungen konnten bald aufgelöst werden, weil die Verkehrsbetriebe Sicherheitsleute mitgeschickt haben. Heute ist die Nacht-U-Bahn nicht mehr wegzudenken, wie vieles andere auch, das Thema dieser Volksbefragung war, etwa der kostenfreie Kindergarten.

Ich war also nie ein Gegner der direkten Demokratie, aber es gibt für mich eine rote Linie: Volksabstimmungen dürfen den Gesetzwerdungsprozess im Parlament und damit de facto die parlamentarische Demokratie nicht aushebeln. Die in der späteren türkis-blauen Regierung kursierende Idee, schon bei einer relativ geringen Zahl von Unterschriften für ein Volksbegehren zwingend eine Volksabstimmung zu veranstalten, hielt ich für unmöglich. Dort war die rote Linie für mich. Ich bin aber durchaus der Meinung, die mein Vorvorgänger im Bürgermeisteramt Leopold Gratz seinerzeit in einem Text über die Parlamentsreform niederschrieb: Direkte Demokratie ist ein ergänzendes Instrument zur parlamentarischen Demokratie, sie ersetzt sie aber nicht. Ich bin der Auffassung, dass man dieses ergänzende Mittel der direkten Demokratie vor allem bei konkreten Fragen des Alltags einsetzen und nutzen sollte.

Man muss dabei auch Niederlagen hinnehmen. Ich hätte mich etwa gefreut, wenn die Wienerinnen und Wiener die Stadtverwaltung beauftragt hätten, sich um Olympische Spiele zu bewerben. Aber sie wollten das nicht und damit war die Sache erledigt. Das war nach den Erfahrungen aus der Abstimmung über die Weltausstellung auch zu einem gewissen Grad zu erwarten gewesen.

ERSTMALS ROT-GRÜN – UND ES FUNKTIONIERTE

Im Jahr 2010 fand die nächste Gemeinderatswahl in Wien statt. Die SPÖ verlor fast 5 Prozentpunkte und fiel auf 44 Prozent zurück, die FPÖ gewann mit einem sehr aggressiven Wahlkampf 11 Prozentpunkte hinzu. Damals betätigte sich der heutige FPÖ-Obmann Herbert Kickl bereits als Partei-Dichter und erfand unter anderen den Spruch „Mehr Mut für unser Wiener Blut, zu viel Fremdes tut niemals gut". Dieser Unsinn stieß also bereits einige Jahre vor der großen Flüchtlingswelle auf viele offene Ohren.

Ich ging schon davon aus, dass diese fremdenfeindliche Grundargumentation der Rechtspopulisten bis zu einem gewissen Grad funktioniert. Ich lebe ja selbst in der Vorstadt und war daher nicht rasend überrascht. Aber die Höhe des Zugewinns stimmte mich sehr nachdenklich. Die FPÖ lag jetzt bei 26 Prozent. Jeder vierte bis fünfte SPÖ-Wähler von 2005 war zur FPÖ übergelaufen. Ein nicht geringer Teil der SPÖ-Wählerschaft war also mit solchen Parolen ansprechbar.

Das ist immer noch eine schmerzhafte Erinnerung. Die Konsequenz war für mich, dass man sich auch in den Städten noch viel intensiver mit dem Phänomen der Fremdenfeindlichkeit auseinandersetzen muss.

Natürlich muss das Ergebnis der Landtagswahlen von 2010 auch in Zusammenhang mit der Angst vor sozialer Deklassierung gesehen werden. 2008 gab es die große Finanzkrise, die bald in eine Wirtschaftskrise mündete. Daraus entstand ein Konglomerat der Furcht, der Angst, der Sorge. Vor dem Hintergrund der sozialen Problematik wirkte die Anti-Ausländer-Hetze der Freiheitlichen umso stärker. Wirksam ist also meist nicht nur dieser pure Rassismus, sondern es ist ein Konglomerat mehrerer Ängste.

Wir hatten nun die absolute Mehrheit wieder verloren und für mich war klar, dass wir etwas ganz anderes machen müssen. Ein Zurück zu einer Koalition mit der ÖVP kam nicht infrage. Bernhard Görg war weg, seine Nachfolgerin Christine Marek war zwar durchaus liberal und ich wäre mit ihr auch persönlich ausgekommen, aber auch die ÖVP hatte bei der Wahl schwer verloren. Ich wollte keine Koalition der Verlierer, sondern etwas Neues. So kam es zur ersten rot-grünen Koalition in Österreich. Das begann ganz gut, und lief auch später nicht schlecht. Wir koalierten schließlich immerhin zehn Jahre lang.

Mit Maria Vassilakou kam ich persönlich sehr gut aus. Sie ist eine kluge Frau. Über ihre Öffentlichkeitsarbeit

Michael Häupl und Maria Vassilakou im Wiener Gemeinderat

bestimmte sie selbst, ich war ja nicht ihr Politikberater. So klein der Klub der Grünen auch war, so schwierig war das teilweise für sie. Ich hatte dafür Verständnis, denn im Grunde war das summa summarum eine gute Zusammenarbeit.

Ich hatte ja vorher auch, in den insgesamt zehn Jahren, in denen ich eine Alleinregierung bilden konnte, immer Möglichkeiten für persönliches Gespräch und Austausch gesucht und getrachtet, dass man auch über Sachen redet, die nicht unbedingt die Tagespolitik betreffen.

Das Schöne ist: Der Kontakt funktioniert bis heute. Ich erinnere mich mit einem sehr positiven Gefühl an die netten SMS, die mir Maria Vassilakou ins Krankenhaus geschickt hat, als es mir wirklich nicht gut ging. Ich kann mich über meine Koalitionspartner nicht beschweren:

Das persönliche Einvernehmen war sowohl mit Bernhard Görg als auch mit Peter Marboe und Maria Vassilakou sehr gut.

Die Koalition mit den Grünen war natürlich eine ganz andere Geschichte als die mit der Volkspartei. In der Koalition mit der ÖVP, also mit Bernhard Görg und Peter Marboe, stand sehr stark Inhaltliches im Vordergrund – teilweise plakative Inhalte, aber es waren Inhalte. Aber die beiden Genannten waren eher die Ausnahme als die Regel in der ÖVP. In den Verhandlungen auf der Klub-Ebene standen seitens der ÖVP immer eher Postenbesetzungen auf der Tagesordnung. Bei den Grünen war das ziemlich genau umgekehrt. Es ging schon auch um Postenbesetzungen, aber es waren doch in erster Linie Sachfragen, die zu diskutieren waren. Und da gab es in bestimmten Dingen, wie zum Beispiel bei der sozialen Frage, bei Bildungsfragen und Ähnlichem, ein hohes Ausmaß an Übereinstimmung.

Es gab später die sehr beliebte Kabarettszene mit Nicholas Ofczarek und Claudia Kottal, die bei den „Staatskünstlern" diesen „Michi & Mary"-Sketch gespielt haben. Ich finde solche Sachen ja sehr lustig und war auch im Rabenhof Theater, um es mir vor Ort anzusehen. Ein bisschen soll man schon auch über sich selbst lachen können, es ist ja interessant, wie einen andere sehen. Natürlich entsprachen diese Szenen nicht der Wirklichkeit, ich war nicht dieser bärbeißige Brummbär und sie nicht die Unterwürfige. Aber das ist egal. Kabarett ist ja nicht dazu da, die Wirklichkeit abzubilden, sondern bestimmte Eigenschaften und Merkmale zu überhöhen und das

Ganze lustig darzustellen. Und komplett falsch war es nicht. Ich fand es also lustig und amüsierte mich sehr. An Marias Stelle hätte ich nicht ganz so laut gelacht, muss ich zugeben.

In dieser Zeit, 2011, gab es auch eine echte Hochzeit. Ich habe meine jetzige Frau Barbara geheiratet, es war meine dritte Ehe. Man opfert dem Leben in der Politik einiges an Privatleben, an Familienleben. In dem netten Film, der anlässlich meines Ausscheidens aus dem Amt gedreht wurde, hat man auch meine beiden Kinder interviewt. Meine Tochter sagt darin: „Der Vater war nicht viel zu Hause, aber wenn er zu Hause war oder wenn wir auf Urlaub waren, war es eigentlich immer sehr angenehm, sehr nett und sehr lustig." Dieses Urteil fand ich schön. Ich konnte es ja nicht ändern: Der Politikerberuf ist halt einer, der zwölf, dreizehn, manchmal vierzehn Stunden am Tag beansprucht, und das meist auch an Wochenenden. Dafür opfert man natürlich eine Menge. Bei mir waren es zwei Ehen und vermutlich auch einige freundschaftliche Beziehungen.

Es gelang mir einigermaßen gut, mein Dasein als Politiker von meinem Privatleben sauber zu trennen. Man wird von mir keine Homestory finden. Es gibt den Ratschlag eines älteren Politikers, der sagte: „Wenn du die Tür zum Schlafzimmer aufmachst, kriegst du sie nicht mehr zu." Es war ein Politikerkollege, der es wissen muss.

Aber wenn du die meiste Zeit nicht daheim bist und wenn du daheim bist, eigentlich keinen Kopf für Gespräche in der Familie, geschweige denn, für familiäre Probleme hast, ist das natürlich ein echtes Problem. Wenn du in eine Beziehung oder in eine Freundschaft nicht hinreichend Zeit investierst, dann geht sie kaputt. Jetzt, bei meiner dritten Ehe, stehe ich nicht mehr unter politischem Druck und ich bin ja auch älter geworden. Da sieht das Bezugssystem anders aus.

Aber zurück zur Politik. Werner Faymann wurde bald vorgeworfen, dass er ausschließlich Leute aus seiner unmittelbaren Bezirksumgebung, also aus Liesing, um sich schart. Das wurde auch innerparteilich diskutiert. Ich habe das nur höchst eingeschränkt für richtig gefunden, weil die Einzige, auf die das wirklich zutraf, war Doris Bures. Christian Deutsch war zuvor Liesinger Bezirkssekretär, aber den hatte ich als Wiener Landesparteisekretär geholt – absolut ohne Intervention von Werner Faymann.

Sein engster Mitarbeiter, Josef Ostermayer, ist kein Liesinger, er war das höchst intellektuelle Alter Ego von Werner und er ist wirklich gut. Jeder kann sich nur freuen, wenn er ihn als Mitarbeiter und Kampfgefährten hat. Also der Vorwurf, Faymann habe sich nur mit Liesingern umgeben, ist sachlich nicht nachvollziehbar. Genauso hätte man mir vorwerfen können, dass ich mich ausschließlich mit Ottakringern umgebe, ich hatte schließlich gleich zwei Ottakringer im Stadtsenat, Christian Oxonitsch und Ulli Sima. Man weiß: Ich bin ein entschiedener Gegner der sogenannten politischen Geografie.

Aber dieses Thema wurde immer wieder geschürt, weil sich dahinter inhaltliche Kritik an Werner Faymann verbarg, die ich zu einem erheblichen Teil nicht teilte, etwa in der Flüchtlingsfrage. Ich bin heilfroh, dass Werner Faymann als Kanzler ein gutes Gesprächsklima zur deutschen Kanzlerin Angela Merkel hatte. Ich möchte nicht wissen, was 2015 passiert wäre, wenn sie die Grenzen für die österreichischen Flüchtlingszüge nicht geöffnet hätte. Werner hat die Emotionalität der aus dem Osten Deutschlands stammenden Bundeskanzlerin Angela Merkel richtig eingeschätzt. Er war sich sicher, dass sie die deutschen Grenzen vor den aus Ungarn nach Österreich strömenden Flüchtlingen nicht schließen würde. Hätte sie das getan, wäre wohl eine Million Menschen in Wien und Umgebung gestrandet. Dann hätten wir ein sehr großes Problem gehabt.

Faymanns Problem war, dass die SPÖ in seiner Regierungszeit keine Wahlen gewann, auch nicht in den Ländern. Ich halte es zwar für absurd, dass man dem Bundesparteivorsitzenden alle Regionalwahlen anlastet, einschließlich der Gemeinderatswahlen. Ich habe immer die Auffassung vertreten, dass man für seine Wahlen selbst verantwortlich ist. Ich halste Wahlniederlagen, die ich ja zweifelsohne auch hatte, nie dem Bundesparteivorsitzenden auf. Man muss schon selbst die Verantwortung übernehmen, wenn etwas schiefgeht. Politik ist ein brutales Geschäft. Aber du brauchst den Erfolg, und wenn du ihn nicht hast, hast du zunehmend ein Problem in deiner eigenen Partei. Und dann ist es relativ egal, ob die gegen dich vorgebrachten Argumente richtig oder bloß vorgeschoben sind. Wenn du keinen Erfolg hast, kannst du nach einer bestimmten Zeit alles vergessen.

Diese Diskussion gab es natürlich auch in der Wiener SPÖ, wobei es auch noch diese geografische Zuteilung

Am 70. Landesparteitag der Wiener SPÖ im April 2015

gab: Innenbezirke, Außenbezirke, „Südosttangente" und andere Chiffren. Zu sagen, dies hätte mich beunruhigt, ist über- und untertrieben zugleich. Typisch wienerisch.

Was mich beunruhigte, war die Irrationalität, die es in dieser Diskussion teilweise gab. Denn inhaltlich gesehen gelang es immer wieder, auch zu heiklen Fragen, wie etwa der Migration, einstimmige Beschlüsse bei Landesparteitagen herbeizuführen. Das ist bei vielen hundert Delegierten gar nicht so einfach. Das gelang erst nach langen Diskussionen, aber das gehört zu einer demokratischen Partei dazu: Man ringt um Positionen und wenn man eine gemeinsame findet, stimmt man darüber ab. Das Irritierende daran war, dass der Landesparteivorsitzende – also ich – die einstimmigen Beschlüsse eines Landesparteitags gegen teilweise anonym auftretende Kritiker aus der Wiener Partei verteidigen musste. Das empfand ich als reichlich befremdlich.

Außerdem wusste ich, dass das von Delegierten kam, die selbst für diesen Antrag gestimmt hatten! Das war etwas, was ich nicht verstand, weil ich in einer solchen Handlungsweise den Nutzen für die Sozialdemokratie nirgendwo erkennen konnte.

Manchmal waren wir alle gleichermaßen schuld daran, wenn es Turbulenzen gab. Da kam auf einem Parteitag etwa dieser berühmte Antrag einer Sektion auf Verbot des kleinen Glücksspiels, also der Spielautomaten, der auch angenommen wurde. Aber nur für Leute, die die Partei nicht kennen, kam dieser Antrag überraschend. Er war sieben Jahre lang bei jedem Parteitag eingebracht worden, sieben Jahre lang wurde er dem Parteivorstand zur weiteren Beratung zugewiesen und sieben Jahre lang machte der Vorstand nichts. Dass sich dann selbst in meinem Bezirk eine Mehrheit dafür fand, war kein Wunder. Man wollte uns sagen: So könnt ihr mit Beschlüssen des Parteitags nicht umgehen. Für mich war das also mäßig überraschend.

Inhaltlich gesehen fand ich den Vorschlag, den Ulli Sima ausgearbeitet hatte, der am Parteitag aber gar nicht mehr zur Abstimmung kam, für besser, weil er auch Lösungsvorschläge für das Glücksspiel im Internet umfasste. Das ist ja das viel größere Problem. Der Vorschlag sah völlige Kontrolle vor. Man hätte an den Automaten nicht mehr spielen können, ohne mit einem Chip ausgestattet zu sein, der die Identität des Spielers feststellt. Darauf wäre auch gespeichert gewesen, ob jemand

Spielverbot hat. Auch Kinder hätten natürlich nicht mehr spielen können.

Wenn die Revolution der Sektion aus dem 9. Bezirk darin bestand, dass man das kleine Glücksspiel verbietet, muss ich sagen: Wir hatten andere Revolutionsziele, als wir jung waren.

So war es nur eine Verschiebung des Problems. Man verschob alles aus der analogen Welt in die digitale. Gelöst ist damit gar nichts.

Bei all dem ging es nicht um Innenbezirke oder Außenbezirke, also nicht um geografische Trennungslinien, sondern um den Umstand, dass auch die Wiener SPÖ immer disperser wurde. Sie ist in ihrer sozialen Zusammensetzung nicht mehr so einheitlich wie in den Fünfziger- oder Sechzigerjahren. Die SPÖ ist in Wien eine Partei mit derzeit rund 40 Prozent bei Wahlen und spiegelt damit die Gesellschaft wider. Und wenn die Gesellschaft sich so ausdifferenziert, wie das in einer Millionenstadt der Fall ist, schafft das verschiedene Lebenswelten – auch innerhalb einer Partei.

Die Grünen sind eine relativ geschlossene Lebenswelt. Sie haben kaum Industriearbeiter in ihren Reihen. Wir haben die grünen Lebenswelten, aber genauso die Industriearbeiter. Die ÖVP ist in Wien in der Arbeitswelt und bei den Angestellten im Dienstleistungsbereich stark unterrepräsentiert und außerdem viel kleiner.

Diese Diversität, die wir so wahnsinnig gerne in der Natur erhalten wollen, stellt die SPÖ in der Politik also vor große Herausforderungen. Die Grünen können ihrem Anhang vielleicht Freude bereiten, wenn sie einen Pool mitten am Gürtel aufstellen, wir nicht. Ich hielt das ja für einen Blödsinn erster Güte und fände es großartig, wenn wir keine anderen Sorgen hätten. Aber gegen die Klimakrise wird ein Gürtel-Pool nichts ausrichten, wir haben nach der Pandemie eine große Wirtschafts- und Sozialkrise, mit der Digitalisierung eine Riesenthematik vor uns und dazu noch ganz schwierige kommunalpolitische Themenstellungen – von der Organisation der wachsenden Stadt bis zum Gesundheitswesen. So gesehen kommt ein Schwimmbecken am Gürtel vielleicht auf Platz 177.

Diese Diskussion, die es in der Wiener SPÖ gab, war also nur vordergründig eine zwischen Innen- und Außenbezirken. Dieses Bild wurde in hohem Ausmaß dadurch geprägt, dass es halt ein paar Leute gab, die meinten, sie seien in den Außenbezirken politisch benachteiligt, weil mehr Stadträte von Innenbezirken gestellt werden. Aber ist Ottakring jetzt ein Außenbezirk oder ein Innenbezirk? Das ist eine völlig unsinnige Diskussion. In Wahrheit gab es sie nur, weil zu diesem Zeitpunkt die Donaustadt, Favoriten, Liesing und vor allem Simmering keinen Stadtrat stellten. Floridsdorf stellte mit Michael Ludwig ja sogar einen Vizebürgermeister.

Michael Ludwig sagte einmal über mich: „Er ist sicher eher harmonie- als konfliktorientiert. Das hilft sehr im Umgang mit verschiedenen Zielgruppen, aber erschwert es manchmal, ein deutliches Wort zum Ausdruck zu bringen. Er ist sicher ein viel sensiblerer Mensch, als man das in der Öffentlichkeit wahrnimmt, aber das ermöglicht ihm auch, neue Entwicklungen der Gesellschaft wahrzunehmen."

Das ist nicht ganz falsch. Außerdem urteilt mit Michael Ludwig jemand, der wissen muss, warum es so ist. Mir ging Streit immer dann auf die Nerven, wenn völlig klar erkennbar war, dass es in Wahrheit nicht um Inhalte geht, sondern um Macht. Und wenn man diesen innerparteilichen Streit noch dazu am Balkon austrug und nicht im Wohnzimmer.

Ich war durchaus nicht konfliktscheu, wenn es darum ging, inhaltliche Konflikte auch auszutragen. Ich habe nur nicht den Streit um des Streites willen gesucht – ich war nie ein Peter Pilz. Als Vorsitzender einer so großen Partei musst du natürlich schon schauen und ausloten, wo bei Auseinandersetzungen die Konsensmöglichkeiten sind, und gelegentlich musst du der Schiedsrichter sein.

Es hat also schon etwas für sich, was Michael Ludwig da sagt, aber nach drei Jahren im Amt hat er ja selbst seine Erfahrungen gemacht, etwa mit seiner damaligen Vizebürgermeisterin, die hinter seinem Rücken mit dem Bezirksvorsteher des 1. Bezirks über Verkehrsberuhigung verhandelt, ohne dass ihm irgendetwas gesagt wird.

MEINE LETZTE WAHL

Aber zurück zur Bundespolitik. 2015, noch in der Ära Faymann, brach diese Flüchtlingswelle über Europa herein. Am Beginn stand in Wien der humanitäre Gesichtspunkt im Vordergrund und nicht Furcht und Angst. In verschiedenen burgenländischen Dörfern, durch die tausende Flüchtlinge zu Fuß zogen, herrschte hingegen Panik. In der Stadt wurde die Lage von tausenden freiwilligen Helfern aus der Zivilgesellschaft einigermaßen gut organisiert. Sehr wichtig war, dass die ÖBB unter ihrem Direktor Christian Kern die Leute von der Grenze weg mit dem Zug nach Wien transportierten, dass es hier Auffangeinrichtungen auf den Bahnhöfen gab und die Menschen die Möglichkeit hatten, sich zu waschen, einmal auszuschlafen, etwas zu essen und zu trinken zu bekommen und vielleicht auch neue Kleidung. Volkshilfe, Caritas, Rotes Kreuz, Samariterbund, Kinderfreunde und viele andere Organisationen leisteten dabei großartige Arbeit. Die allermeisten Flüchtlinge setzten sich dann wieder in den Zug und fuhren nach Deutschland weiter. Sie waren vielleicht ein oder zwei Nächte da.

Da es in vielen Städten, darunter auch in den Hauptstädten der Balkanstaaten, Wien-Büros gibt, waren wir eigentlich ganz gut informiert, was sich dort schon abspielte. Wir konnten daher einiges schon entsprechend vorbereiten und mit den agierenden Organisationen aus der Zivilgesellschaft besprechen. Als dann der Dammbruch an der ungarisch-österreichischen Grenze stattfand, waren wir bereits einigermaßen vorbereitet. Offensichtlich sehr viel besser vorbereitet als der Bund. Der damalige Außenminister, er hieß übrigens Sebastian Kurz, trug herzlich wenig zur Bewältigung dieser schwierigen Situation bei. Er brüstet sich ja bis heute damit, nicht zu den „Willkommensklatschern" gehört zu haben. So nennt er die tollen Helfer von damals.

Diese Flüchtlingswelle platzte in den Wiener Landtagswahlkampf 2015. Unsere Parole war: Humanität und Ordnung. Natürlich befürwortete ich nie die Einreise von Illegalen. Mein Bild damals war: Wenn jemand in seinem Haus sitzt und ein Fremder kommt in den Garten, kann er ihn durchaus willkommen heißen, er möchte aber wissen, wer da kommt. Das erfordert die Ordnung.

Die Humanität erfordert: Leute, die zu uns kommen und um Hilfe bitten, weil sie in ihrer Heimat an Leib und Leben bedroht sind, denen ist zu helfen. Und die sind nicht wegzustoßen. Jeder Katholik soll sich das Bild von

Beim Besuch einer Flüchtlingsunterkunft
in Wien-Ottakring im Oktober 2015

der Herbergssuche vergegenwärtigen, das ja nicht nur in der Bibel, sondern vielfach auch in der Kunst seinen Niederschlag gefunden hat, und er möge darüber nachdenken. Ich bin da einig mit vielen Christdemokraten, die die katholische Soziallehre ernst nehmen.

Das stieß auch bei vielen in der Sozialdemokratie auf Verständnis. Ja, natürlich waren auch bei uns nicht wenige dagegen. Aber das Bild, das die Freiheitlichen boten, indem sie vor einem Flüchtlingsheim gegen die Aufnahme von Kindern demonstrierten, war ekelerregend. Wir haben einen sehr polarisierenden Wahlkampf geführt, der die SPÖ mobilisiert hat, und sind schließlich 10 Prozentpunkte vor der FPÖ gelegen, die sich weit mehr erhofft hatte. Strache glaubte ja tatsächlich, die Freiheitlichen würden auf Platz eins landen. Die ÖVP, die sich nicht entscheiden konnte, ob sie jetzt eine christliche oder eine radikal fremdenfeindliche Partei ist, schaffte gerade magere 9 Prozent. Das „Duell" zwischen SPÖ und FPÖ war entschieden – und zwar klar.

Später schlug die Stimmung gegenüber den Flüchtlingen um, aber auch in der Politik gilt: Hic Rhodus, hic salta! Es war eine risikoreiche Strategie, aber am Ende des Tages ging sie auf. Wir konnten weiter mit den Grünen regieren, aber natürlich wusste ich: Das war nicht das Ende dieser Geschichte.

Ich war damals sehr zufrieden. Man sah das als Sieg der Sozialdemokratie, obwohl wir 5 Prozentpunkte verloren hatten. Bitter war, dass wir ausgerechnet in unserer einstigen Hochburg Simmering, wo die SPÖ einst sogar Zweidrittelmehrheiten eingefahren hatte, den Bezirksvorsteher verloren. Aber warum ist es dann nicht auch in anderen Bezirken schiefgegangen? Und wieso gab es dann auf Landesebene doch fast 10 Prozent Unterschied zwischen der FPÖ und der SPÖ, wiewohl uns ganz anderes prophezeit wurde?

Mit freiem Auge könnte man sagen: Ein bisschen weniger gebildete und damit ein bisschen ärmere Leute sind eher für die FPÖ ansprechbar. Das ist nicht die ganze Wahrheit, aber es ist auch nicht ganz die Unwahrheit. Leider gibt es ja auch selbst in hochgebildeten Kreisen FPÖ-Anhänger, was ich mein Lebtag lang nicht verstehen werde. Ich verstehe sowieso bei niemandem, wie man FPÖ-Anhänger sein kann – egal, mit welchem Bildungsniveau. Aber das Bildungsniveau ist nur eine formale Frage.

Ich glaube eher, dass es damit zusammenhängt, dass Leute, die sich vor Pauperisierung, vor Deklassierung bis hin zur Marginalisierung fürchten, diese Furcht in „die Ausländer", in die Fremden projizieren. Diese Ängste findet man durchaus auch unter akademisch Gebildeten, die der Auffassung sind, dass gerade ihnen in der gesellschaftlichen Hierarchie viel mehr zustehen würde. Ich bin also der festen Überzeugung, dass zwischen der sozialen Abstiegsangst und der Projizierung der Verantwortung für diese Furcht („schuld sind die Ausländer") ein enger Zusammenhang besteht.

Wenige Monate nach der Wiener Landtagswahl, im Frühjahr 2016, fand die Bundespräsidentenwahl statt. Die SPÖ stellte einen Kandidaten auf, der zuvor in den Medien für alle möglichen Funktionen gehandelt worden war, vom Bundeskanzler bis zum Bürgermeister: Sozialminister Rudolf Hundstorfer. Er schnitt in diesem ersten Wahlgang katastrophal ab. Der von der ÖVP nominierte Nationalratspräsident Andreas Khol bekam sogar noch etwas weniger Stimmen. Beide erreichten nicht die Stichwahl, in der dann die Kandidaten der Grünen und der FPÖ, Alexander Van der Bellen und Norbert Hofer, aufeinandertrafen.

Warum ist das passiert? Nun, Heinz Fischer galt, als er zur Präsidentenwahl antrat, nicht als Parteimann, obwohl er jahrzehntelang Parteifunktionen innegehabt hatte. Es war ihm gelungen, dieses Image abzulegen, wobei ihm sicher half, dass er ein habilitierter Professor für Verfassungsrecht ist.

Auch mein alter Freund Rudi Hundstorfer war nie ein Parteimann oder ein „Apparatschik". Aber es ist für einen Gewerkschafter schrecklich schwer, ein solches Image glaubhaft abzulegen. Er nahm bewusst in Kauf, dass er als Funktionär angesehen wird, er war ja zu Recht stolz darauf, ein Gewerkschafter zu sein. Er hatte kein Problem damit und sein profundes Wissen in der Sozialpolitik machte ihn zu einer Art Großvater der Arbeitnehmer. Rudi Hundstorfer war ein irrsinnig lieber Kerl und alle, die ihn kannten, wählten ihn. Bei den Arbeitnehmern schnitt er gut ab.

Aber das reicht heute nicht mehr. Ich habe damals Freunden gesagt: „Schaut, der Rudi hat in Wien 17 Prozent bekommen, das ist unsere Kernklientel. Wenn man bei Wahlen 40 oder 50 Prozent haben will, muss man sich die Differenz dazu erkämpfen. Die Kernwählerschicht wird immer kleiner. Wir müssen nicht nur im Wahlkampf, sondern jeden Tag zwischen den Wahlen darum werben, dass uns die Leute wählen."

Sowohl Khol als auch Rudi Hundstorfer blies damals überdies Gegenwind aus der Bundespolitik ins Gesicht. Die Regierung Faymann hatte schlechte Umfragewerte, die FPÖ lag zeitweise bereits auf Platz eins. Dazu kamen nun erste innerparteiliche Querelen – und zwar schon vor diesem denkwürdigen 1. Mai.

Die Wiener SPÖ hatte in diesem Frühjahr 2016 eine Klubtagung angesetzt, die Bezirke hatten Leuchtturmprojekte vorbereitet. Der Bundesparteivorsitzende, also Werner Faymann, hatte ein Referat gehalten, als plötzlich Tagungsteilnehmer aus den Bezirken damit begannen, ihn auszupfeifen und während seiner Rede Parolen über Flüchtlinge in den Saal zu rufen. Ein Streit um des Kaisers Bart, der eher zwischen uns und der ÖVP auszutragen war, aber nicht innerhalb der SPÖ. Das war alles nicht gut. Aber so war die Stimmung in der Partei. Man hatte seit acht Jahren keine Wahlen mehr gewonnen und musste nun zusehen, wie nur noch die Stammwähler den eigenen Kandidaten wählten, und zwar einen sehr guten Kandidaten.

Hätte Werner Faymann in diesem Frühjahr 2016 merken müssen, dass die Dinge aus dem Ruder laufen? Man verschließt in solchen Situationen gern die Augen vor der Wirklichkeit, besonders wenn man sich einredet, das sei in Wirklichkeit nur eine gesteuerte Kampagne von einzelnen Gegnern – die man auch noch an zumindest einer Person im Stadtsenat festmachte, nämlich an Gesundheits-Stadträtin Sonja Wehsely.

Wenn man die Sache so sieht, analysiert man natürlich am Kern des Unmuts vorbei. Diese Analyse war falsch. Es war einfach eine Stimmung da, die die Anhänger eines Wechsels an der Spitze stärker werden ließ. Der Unmut und der Frust waren allgegenwärtig. Wir hatten vor diesem 1. Mai, an dem sich alles zuspitzte, auch in meinem Bezirk Ottakring Diskussionen. Die Unzufriedenen sagten: „Irgendwo muss man sich ja einmal äußern!" Sage ich: „Ja, dann meldet euch im Wiener Ausschuss der Partei oder von mir aus auch am Landesparteitag, egal ob Journalisten dort sitzen. Aber ruiniert nicht den 1. Mai."

Die Ereignisse waren also absehbar, aber sie waren nicht mehr einzufangen.

Ich stand auf der Bühne, habe die Transparente gesehen und die Parolen der Gegner und Anhänger Werners

Michael Häupl und Werner Faymann beim SPÖ-Aufmarsch am 1. Mai 2016

gehört. Ich erlebte das als eine der größten politischen Katastrophen, die mir in meinem Leben untergekommen waren.

Nachdem Werner gesprochen hatte und mehr oder weniger weggebuht worden war, ging ich noch einmal zum Rednerpult. So konnte man eine Maikundgebung ja nicht beenden. Ich forderte die Rufer da unten auf, diese Form von Konfrontation einzustellen. Unser politischer Gegner befinde sich nicht am Rathausplatz. Der sei ganz woanders. Aber die Katastrophe war schon geschehen.

Wir saßen danach noch in meinem Büro. Werner Faymann war nach außen hin sehr ruhig und gefasst. Wahrscheinlich setzte es ihm innerlich viel mehr zu, als er zeigte. Ich setzte mich mit ihm dann auch noch einmal ins Fernsehen und argumentierte in seinem Sinn. Wenn mir dann einzelne innerparteiliche Freunde vorwarfen, ich hätte Werner nicht genügend unterstützt, dann ist das einfach absurd!

Sein Abgang war abrupt: Eine Woche nach diesem 1. Mai bestellte er um acht Uhr früh das Parteipräsidium zu sich ins Büro und erklärte, in fünf Minuten gehe er zum Bundespräsidenten, um zu demissionieren. Dann sagte er zu mir: „Michl, du bist der längstdienende Stellvertreter, du übernimmst da jetzt das Kommando." Dann stand er auf und ging. Den Journalisten erklärte er, er habe zwar die Mehrheit der Partei hinter sich, aber der Rückhalt genüge ihm nicht mehr.

Seinen formellen Rückzug hatte er also nicht mit mir vorbesprochen. Das ist eines der eher bitteren Kapitel meines politischen Lebens.

Ich habe also die ohnehin anwesenden Landesparteivorsitzenden gefragt: „Seid ihr einverstanden damit, dass ich mich jetzt darum kümmere, dass wir möglichst rasch wieder einen Parteivorsitzenden und natürlich auch Bundeskanzler haben?" Sie sagten ja, gut, mach das. Ich habe gesagt: „Okay und noch eines: Ich kandidiere für nichts, damit gleich von vornherein jegliches Eigeninteresse auszuschließen ist. Und ich sehe meine Aufgabe nicht darin, irgendeinen Kandidaten auf Zuruf durchzusetzen, sondern den Kandidaten zu finden, der eine möglichst große Zustimmung findet. Wir alle wissen, dass es in der Partei Auffassungsunterschiede gibt. Das müssen wir überwinden und wieder einheitlich auftreten. Und das manifestiert sich halt in unseren Zeiten über Personen, in diesem Fall über die Person des Bundesparteivorsitzenden. Daher ist es meine Aufgabe, jemanden zu finden, der die größtmögliche Zustimmung hat."

Natürlich redete ich in diesen Tagen auch immer wieder mit meinem alten Freund Gerhard Zeiler, wir kommen ja aus derselben Sektion in Ottakring. Gerhard hatte durchblicken lassen, dass er durchaus kandidieren würde, gäbe es die entsprechende Unterstützung. Gegen den ebenfalls als Kandidaten genannten Christian Kern wolle er aber nicht antreten.

Gerhard hatte einen großen Nachteil: Er war viele Jahre lang in wichtigen Medienfunktionen im Ausland gewesen, viele in der Parteispitze kannten ihn gar nicht. Der ehemalige steirische Parteivorsitzende Michael Schickhofer etwa war 18, als Gerhard Zeiler vom ORF zu RTL ging. Kern kannte jeder. Als ÖBB-Generaldirektor trat er bei allen Bahnhoferöffnungen mit Blasmusik auf und knüpfte Kontakte. Ich fand das ja gut, weil er damit Werbung für die Bahn machte. Ich halte ihm auch zugute, dass er 2015 in der Flüchtlingskrise Flagge gezeigt hat und wirklich sehr ordentlich agierte. Wie er dann als Bundesparteivorsitzender ging, halte ich ihm nicht zugute, aber dazu kommen wir später.

Ich habe also noch einmal mit allen Landesparteivorsitzenden geredet, mit den Vertretern der wichtigen Neben- und Teilorganisationen, also den Frauen, den Pensionisten, den Jungen, und natürlich mit den Gewerkschaften. Vor allem bei den Landesparteivorsitzenden war die Stimmung klar für Christian Kern.

Am Morgen des Tags, an dem die Entscheidungen fielen, war Gerhard Zeiler um halb acht Uhr bei mir und sagte: „Ich kenne jetzt auch die Stimmung in der Partei, ich ziehe meine Kandidatur zurück. Ich will nicht gegen Kern kandidieren, das ist nicht meine Linie."

Nach ihm kam Christian Kern zu mir ins Büro. Ich habe zu ihm gesagt: „Gerhard Zeiler war gerade bei mir, er zieht seine Kandidatur zurück, damit bist du der einzige übrig gebliebene Kandidat. Ich werde dich daher heute Nachmittag den Vertretern der Landesparteien und der Organisationen vorschlagen und morgen oder übermorgen dem Bundesparteivorstand."

So ist es dann auch gekommen und am bald darauf folgenden Parteitag wurde Christian Kern mit 97 Prozent der Delegiertenstimmen zum neuen SPÖ-Vorsitzenden gewählt. Er ist bei unseren Funktionären und Mitgliedern sehr gut angekommen. Unabhängig von allen anderen Alternativen, die diskutiert wurden, musste man sagen: Er war ein Wunschkandidat der Partei. Christian Kern war ein guter Redner, er hatte Ausstrahlung und einen gewissen Schmäh. Bei seiner ersten Pressekonferenz, die gleichzeitig das Ende meines Intermezzos als geschäftsführender Bundesparteiobmann war, fragte ihn ein Journalist, was er denn zu Werner Faymann und zur Rolle Gerhard Zeilers sagt, und fügte verschiedene Verschwörungstheorien an. Kern antwortete: „Ach, die Vermutungen, die Sie anstellen, ähneln eher einer Episode aus ‚House of Cards'." Alle lachten und die Geschichte war damit mehr oder weniger abgestochen.

Zu Beginn lief es also sehr gut.

Im Jänner 2017 hat er dann diesen „Plan A" präsentiert. Der Plan A war so etwas wie ein sozialdemokratisches Regierungsprogramm. Das Papier war zuvor intern unter der Mitwirkung von Wirtschaftsexperten einer recht intensiven Diskussion unterzogen worden. Dass die ganze Parteiorganisation mit Diskussionen durchdrungen worden wäre, kann man nicht behaupten, aber bei verschiedenen Veranstaltungen und in unterschiedlichen Formaten wurde darüber diskutiert.

Der Plan A war kein neoliberales Programm, dieser Vorwurf, der später erhoben wurde, ist unsinnig. Die früher sehr harte Abgrenzung zu wirtschaftsliberalen Vorstellungen war aber nicht mehr ganz so klar und hart. Der Plan A war ein sozialdemokratisches Papier, in der ganzen Bandbreite dessen, was Sozialdemokratie in Europa darstellt. Unabhängig davon, was man jetzt im Detail zu einzelnen Passagen meint: Es war eine, auch für die Öffentlichkeit sehr gut nachvollziehbare, inhaltliche Vorbereitung der Sozialdemokratie auf eine Wahlauseinandersetzung. Man hätte ihn dann halt auch im Wahlkampf anwenden müssen.

Zu dieser Zeit – also rund um die Präsentation dieses Plans A – gab es im Hintergrund schon merkwürdige Aktivitäten des jungen Außenministers Kurz, der plante, die ÖVP zu übernehmen – offenbar mit Assistenz von Innenminister Wolfgang Sobotka. Das blieb uns natürlich nicht verborgen, weshalb viele in der Partei, wie auch ich, meinten, dass wir nicht darauf warten sollten, bis Kurz Reinhold Mitterlehner als Parteiobmann stürzt, sondern dass wir selbst aktiv Neuwahlen anstreben sollten. Das ließ sich einfach argumentieren: Wir hatten eine Koalition mit der ÖVP unter dem sehr konstruktiven Reinhold Mitterlehner abgeschlossen, nicht mit irgendjemand anderem.

Die Grundidee war, zuerst eine programmatische Diskussion mit dem Plan A zu führen – und zwar im Rahmen der Partei und auch öffentlich in verschiedenen Formaten. Und dann gehen wir in Neuwahlen. Das ist aber nicht passiert. Herr Kurz legte das anders an. Er hatte keine Zeit, sich mit Inhalten zu beschäftigen, sondern war mit den Intrigen gegen den Vizekanzler und Parteivorsitzenden der ÖVP beschäftigt. Heute weiß man um einiges mehr, was damals gelaufen ist – dafür hat die Korruptions-Staatsanwaltschaft gesorgt.

In der SPÖ, wie auch in der Gewerkschaft, gab es damals, im Frühjahr 2017, Befürworter, aber natürlich auch Bedenkenträger zum Plan, Neuwahlen anzustreben. In der SPÖ herrscht immer noch ein wenig das Denken vor: Wer Wahlen vom Zaun bricht, verliert sie auch. Ich halte das für völligen Unsinn. Würde das stimmen, hätten die Ergebnisse für Sebastian Kurz nicht so ausgesehen, wie sie leider aussahen. Ein anderes Beispiel: Natürlich kann man nicht sagen, dass Schüssel 2002 der Baumeister des Sprengsatzes in der Freiheitlichen Partei gewesen wäre – aber ganz unschuldig war er nicht. Er hat nach der blauen Kraftmeierei in Knittelfeld Wahlen ausgerufen und hat sie hoch gewonnen.

Im Vordergrund unserer Diskussionen stand gar nicht die Frage, ob die Lage wegen der Attraktivität des Spitzenkandidaten Sebastian Kurz für die Sozialdemokratie ungünstiger wird. Es ging um ein viel grundsätzlicheres Problem. Reinhold Mitterlehner war ein Mann, mit dem man inhaltliche Vereinbarungen treffen und dann davon ausgehen konnte, dass diese Vereinbarungen auch abgearbeitet werden. Er war jemand, der – bei allem festen Stand im Gedankengut, vor allem Wirtschaftsgedankengut, der Österreichischen Volkspartei – auch den Wert der Sozialpartnerschaft erkannt hatte, er kam ja aus der Wirtschaftskammer. Eine Regierung, die eine politische Widerspiegelung der Sozialpartnerschaft darstellte, war ihm sicher nicht unsympathisch.

Das ist der entscheidende Gegensatz zu Sebastian Kurz. Kurz ist ein Sozialistenfresser. Ich verwende dieses Wort, auch wenn es sehr böse klang, als ich es das erste Mal sagte. Ich verwende es nicht als Beschimpfung, wie er glaubt, sondern als Befund. Es ist einfach eine Tatsachenfeststellung.

Das zeigte sich ja nach der von ihm im Herbst 2017 gewonnenen Nationalratswahl. Formell erfüllte er den Anspruch, indem er mit den Sozialdemokraten einen Gesprächstermin vereinbarte. Aber dabei wurde über absolut nichts Inhaltliches gesprochen, geschweige denn, dass er auch nur eine Sekunde daran gedacht hätte, mit den Sozialdemokraten eine Regierungskoalition einzugehen. Ich glaube, allein der Gedanke daran war ihm ein Gräuel. Es war ihm lieber, mit den Freiheitlichen und dann mit den Grünen eine Koalition einzugehen, als mit den Sozialdemokraten auch nur einmal über eine Regierungsbeteiligung zu reden. Man konnte nur sagen: Okay, so ist es halt und jetzt machen wir Opposition.

Das Projekt Schwarz-Rot oder Rot-Schwarz war also schon 2017 nicht mehr zu retten, weil es den Feind im eigenen Bett gab. Namhafte Kräfte in der ÖVP wollten diese Regierung einfach nicht mehr und Sebastian Kurz war der Anführer dieser Gruppe. Ich erlebte das in direkten Diskussionen und Zusammentreffen immer wieder.

Kurz war nicht allein. Man hat in der ÖVP in weiten Teilen nicht mehr an eine politische Vertretungsregierung einer Sozialpartnerschaft, also an eine Zusammenarbeit zwischen der Arbeitnehmer- und der Arbeitgeberseite auf politischer Ebene geglaubt. Nachträglich muss man sagen: Schon Wolfgang Schüssel hat die Nachkriegsidee einer Regierung über die Trennlinien hinweg begraben. Diese Nachkriegs-Gefühlslage war schon zur Jahrtausendwende mit seiner schwarz-blauen Regierung vorbei.

DER LANGE ABSCHIED

I n diesem Jahr 2017, in dem Sebastian Kurz die Kanzlerschaft übernahm, wurde ich 68 und in Wien fand der letzte Landesparteitag statt, bei dem ich als Vorsitzender kandidierte. Renate Brauner, Michael Ludwig und ich selbst bekamen viele Streichungen. Ich kam auf nur knapp mehr als 77 Prozent der Delegiertenstimmen, Michael Ludwig gar nur auf 68 Prozent.

Wenn man es gewohnt war, dass man bei solchen Abstimmungen am Parteitag nie unter 97 Prozent gelegen war, ist das natürlich schmerzlich. Waren das Fraktionskämpfe? Ich glaube, es waren eher emotionell als inhaltlich begründete Verwerfungen.

Was mich daran störte, war, dass sich die Debatten eigentlich immer in den Couloirs, in den Gängen vor und hinter den Sitzungszimmern, abspielten. Wir hatten natürlich inhaltliche Diskussionen, aber die hatte es in

Rede bei der Klubtagung der SPÖ Wien im März 2017

der Sozialdemokratie immer gegeben, und das ist ja auch gut so. Und natürlich gab es zu so wichtigen Themen wie der Flüchtlingsfrage unterschiedliche Auffassungen. Die einen meinten, man müsse sich vor allem mit den Freiheitlichen auseinandersetzen, in diese Richtung verliere die SPÖ ihre Wähler. Andere wiesen darauf hin, dass wir uns eher in einem Zweifrontenkampf befanden, auf der einen Seite gegen die Blauen, auf der anderen gegen die Grünen. Darauf Antworten zu finden ist nicht leicht und wird nicht weniger leicht, wenn noch persönliche Animositäten dazukommen. Dennoch gelang es, dass bei diesem Landesparteitag 2017 ein Leitantrag des Vorstands zur Migrationsfrage einstimmig angenommen wurde.

Es gab auch zu Wirtschaftsfragen, bei Themen der Arbeitswelt und der Bildungspolitik einstimmige Beschlüsse, an inhaltlicher Übereinstimmung mangelte es also nicht. Dennoch lebten manche in der Wahlzelle ihre Emotionen aus. Natürlich spielte da auch herein, dass man wusste, der 68-jährige Vorsitzende und Bürgermeister, der zu dem Zeitpunkt schon mehr als 20 Jahre im Amt war, wird in absehbarer Zeit seine Funktion zurücklegen. Dass da versucht wurde, bestimmte Weichen zu stellen, ist klar. Diese Gemengelage führte dann zu einer Entwicklung, von der ich bis heute überzeugt bin, dass sie richtig war: dass es zwei Kandidaten gab, die sich um meine Nachfolge bewarben.

Die beiden Kandidaten, Michael Ludwig und Andreas Schieder, gingen sehr klug und erwachsen miteinander um, was ein Zeichen für demokratische Reife war. Michael hatte bereits klargemacht, dass er sich um den Vorsitz bewerben wird. Andi kam zu mir und sagte, er werde ebenfalls um den Vorsitz kandidieren. Ich sagte: „Okay, das spiegelt die Stimmungslage in der Partei wider. Wenn ihr vernünftig miteinander umgeht und wenn das beim Parteitag ordentlich ausgetragen wird, dann wird das nicht zum Schaden der Partei sein." Wie wir heute wissen, war die Art und Weise, wie die beiden das austrugen, der Garant dafür, dass nachher die Gräben wieder zugeschüttet werden konnten und sich die Situation völlig entspannte. Die Folge war das ausgezeichnete Wahlergebnis vom Oktober 2020.

Erleichtert wurde all das, weil Schieder und Ludwig inhaltlich nicht weit auseinanderlagen, sonst hätte es am Parteitag, auf dem sie gewählt wurden, nicht einstimmige Beschlüsse zu praktisch allen inhaltlichen Themen gegeben. Vielleicht verbanden manche mit Michael Ludwig ein traditionelleres Verständnis von Politik, etwa was die „politische Geografie" betrifft, wonach größere Bezirke einen Anspruch darauf hätten, im Stadtsenat vertreten zu sein.

Michi Ludwig war gar kein Vertreter dieser Vorstellungen, wie man das ja auch am gegenwärtigen Stadtsenat ablesen kann. Aber man verband das mit ihm. So wie man mit mir verband, ich würde die Innenstadtbezirke bevorzugen. Michael Ludwig ist ein in der Sozialdemokratie und in der Familie der Sozialdemokratie Großgewordener, er wurde anders sozialisiert als ich, das Lehrerkind aus katholischem ÖVP-Milieu. Dass Menschen verschieden sind, ist keine rasend sensationelle Erkenntnis.

Michi sagte einmal in einem Interview, das wir miteinander gaben, und in dem man ihm vorwarf, er habe nicht „meinen Schmäh": „Weniger Schmäh zu haben als Michael Häupl ist keine Schande." Peter Kaiser, den ich lange kenne und überaus schätze, ist auch nicht gerade ein Entertainer, aber er ist ein exzellenter Landeshauptmann und er kommt bei den Wählern großartig an. Als Wiener Bürgermeister ist es ganz gut, wenn man Schmäh hat, aber vom Schmäh allein kann man nicht leben. Und gerade in Zeiten der Pandemie, und den daraus resultierenden wirtschaftlichen und sozialen Verwerfungen, kommt die ruhige Art, mit der Michael Ludwig die Stadt führt, sehr gut an.

Bei mir gab es, was den Schmäh betrifft, schon eine gewisse Erwartungshaltung. Man wartete geradezu auf Sager wie jenen von den „mieselsüchtigen Koffern". Das ist übrigens der Spruch, auf den ich am wenigsten stolz

Ein legendärer Sager, der auch zur Tasche wurde

bin, weil er doch etwas beleidigend war. Eine ganz andere Geschichte waren andere Sager – wie jener nach dem Besiegeln des Koalitionsübereinkommens mit den Grünen: „Man bringe den Spritzwein." Ich rief nicht nach Champagner oder nach teurem italienischen Rotwein, sondern nach einem weißen Spritzer, der ein ziemlich wienerisches Getränk ist. Das hat mir niemand übelgenommen.

Sager dieser Art sind ein wichtiges Instrument in der Politik. Stellt man sich auf einem Kongress vor die Partei und hält eine programmatische Rede, hat man spätestens nach zehn, zwölf Minuten die Menschen verloren. Sie hören dir nicht mehr zu. Daher tut man gut daran, die

Aufmerksamkeit der Leute immer wieder zurückzuholen, wenn man eine inhaltliche Botschaft loswerden will.

Michael Ludwig kann das durchaus auch, er kann sehr humorvoll sein. Nicht in derselben Art wie ich, wir sind verschiedene Menschen, auch wenn wir in 99 Prozent aller inhaltlichen Themen übereinstimmen. Aber jeder hat seinen Stil. Ich glaube übrigens, dass er mit seinem Team eine exzellente Wahl getroffen hat.

Natürlich hatten die Animositäten und die Auseinandersetzungen, die bei Kampfabstimmungen unvermeidlich sind, noch einen gewissen Nachhall. Emotionen kann man nicht wie mit einem Lichtschalter ausknipsen. Aber spätestens mit der neuen Regierungsbildung und dem Einstieg in die politische Stadtarbeit war alles klar.

Zu diesem Zeitpunkt, im Jänner 2019, hatte die SPÖ bereits das Kanzleramt verloren, obwohl Christian Kern bei der Nationalratswahl etwas mehr als ein Jahr zuvor sogar einen leichten Zugewinn verbucht hatte. Aber der Wahlkampf war schlecht organisiert gewesen, vor allem was die Einbindung der Basisorganisationen der Partei oder selbst der Landesorganisationen betrifft. Die Kommunikation funktionierte nicht. Viele Vertrauenspersonen der SPÖ fühlten sich allein gelassen. Wenn man will, dass die Funktionäre in den Wirtshäusern, auf den Sportplätzen, in den vielen privaten Diskussionen entsprechend auftreten, muss man sie mit Argumenten ausstatten. Es ist nicht selbstverständlich, dass jeder über das notwendige Arsenal von Argumenten verfügt, um beim Heurigen in der Wiener Vorstadt an der Budel bestehen zu können. Aber das ist wichtig, wichtiger, als man glaubt.

Es macht einen Unterschied, ob man ein persönliches Gespräch führt oder irgendwo ein Inserat liest.

Dann platzte auch noch diese Silberstein-Sache in den Wahlkampf. Der Herr Silberstein, den ich auch kenne, ist jemand, den man an ganz kurzer Leine führen muss, sonst geht das schief. Er kommt aus einer völlig anderen Kulturwelt, er ist völlig anders politisch sozialisiert, er hat weitgehend andere politische Erfahrungen.

Uns hat einmal ein Wahlkampfberater aus den USA vorgeschlagen, wir sollten bei Wahlkampfveranstaltungen in Wien Militärs in Uniform in die ersten Reihen setzen, das komme gut an. Ich habe nichts gegen Militärs in Uniform in demokratischen Staaten. Aber in Österreich ist das undenkbar, noch dazu in der österreichischen Sozialdemokratie, auf der immer noch der Alb der Geschichte lastet.

Man hätte sich in diesem Wahlkampf des Jahres 2017 wahrscheinlich einiges sparen können. Wenn ich schon einen aus der Wirtschaft kommenden und mit der entsprechenden Kompetenz ausgestatteten Kanzler wie Christian Kern als Spitzenkandidaten habe, dann muss ich das entsprechend darstellen und ihn nicht für Werbefilmchen als Pizzaverkäufer durch die Gegend schicken.

Der Plan von Sebastian Kurz ging jedenfalls voll auf. Er wurde Kanzler und machte eine Koalition mit der FPÖ. Seine Positionen, etwa in der Flüchtlingsfrage, unterschieden sich von jenen der Freiheitlichen ohnehin nur in Details. Dass er versuchte, mit all dem zu brechen, wofür die ÖVP stand, verstehe ich sogar bis zu einem gewissen Grad, diese war ja nicht eben mit Erfolgen verwöhnt. Heute wissen wir, mit welchen üblen Tricks er den Weg ins Kanzleramt geschafft hat.

Ich hatte die Freunde in der Bundes-SPÖ zuvor über den Wiener Sebastian Kurz, der die ÖVP übernommen hatte, informiert, wobei das nicht besonders hilfreich war. Ich kannte ihn zwar aus seiner Zeit im Wiener Gemeinderat, aber dort trat er nicht wirklich hervor. Die Wahlkampfaktivitäten seiner Jungen ÖVP mit diesem Geilomobil waren noch das Augenscheinlichste, was von ihm zu sehen war.

Programmatisch Inhaltliches war nie auszunehmen. Damals, in seiner Wiener Zeit, war es egal, das musste sich die Junge ÖVP mit ihm ausmachen. Wenn sie einen ideologischen Flachwurzler als Chef wollte, war das ihre Angelegenheit, das war mir egal. Aber schon die Art seiner Machtübernahme in der ÖVP wies auf einen bestimmten Charakter hin. Da wurde vieles absehbar, auch wenn noch nicht alle Details bekannt waren.

Bei dieser Wahl des Jahres 2017 hatte die SPÖ ein kleines Plus vor dem Ergebnis, weil sie gerade in Wien den Grünen viele Stimmen abgenommen hatte. Seit dieser Wahl ist ziemlich klar, dass die Grünen und die SPÖ auf der einen und die FPÖ und die ÖVP auf der anderen Seite kommunizierende Gefäße sind.

Der Prozess, dass in den bürgerlichen Bezirken viele – besonders Junge – von der ÖVP zu den Grünen und in den großen Arbeiterbezirken viele von der SPÖ zur FPÖ gegangen sind, war abgeschlossen. Gleichzeitig wurde augenscheinlich, dass der Prozentsatz der Stammwähler relativ gering ist. Er beträgt nicht mehr wie in den 1970er-

und 1980er-Jahren 60 oder 70 Prozent, sondern 10 oder 12 Prozent. Um alles andere musst du dich bemühen. Wenn die SPÖ jetzt in Wien 42 Prozent hat, heißt das: Sie muss 32 Prozent erkämpfen. In einer modernen Demokratie ist das vielleicht gar nicht so schlecht.

Die Folge dieser Wahlniederlage der SPÖ – die es ja war, weil sie auf Platz zwei zurückgefallen ist – führte zum doch recht überraschenden Ausscheiden Christian Kerns aus der Politik. Ja, die SPÖ hatte den Kanzler verloren, aber sie hatte immerhin ein Plus bei der Wahl, das hatte es schon viele Jahre lang nicht gegeben. Aber Kern sagte, er habe die Kanzlerschaft verloren und deshalb gehe er jetzt. Meinem Politikverständnis widersprach das völlig. Ich verstand es nicht. Überdies erfuhren wir es alle aus den Medien. Natürlich gab es dann die üblichen Sitzungen. Die Art und Weise seines Abgangs wurde heftig kritisiert. Dann kam noch dazu, dass er sagte, er strebe die Spitzenkandidatur der europäischen Sozialdemokraten bei den Europawahlen an, was vollkommen verrückt, weil aussichtslos war.

Es ist eine Geschichte, die auch für mich persönlich schmerzhaft ist, denn ich glaube, dass Kerns Kanzlerschaft vom Prinzip her nicht schlecht angelegt war.

Pamela Rendi-Wagner war nicht seine logische Nachfolgerin, aber sie war ein allseits goutierter Vorschlag, weil sie einfach die erste Frau in der Geschichte der Sozialdemokratie war, die Bundesparteivorsitzende wird. Sie hatte eine sehr gute Figur als Gesundheitsministerin gemacht, war aber natürlich nicht eine mit allen Wassern der sozialdemokratischen Politik und Bürokratie Ge-

Mit Pamela Rendi-Wagner bei einer SPÖ-Veranstaltung

waschene. Ich fand sie immer gut. Wenn manche Freunde meinten oder immer noch meinen, sie komme zu den Menschen „nicht rüber", erlebe ich das zu einem erheblichen Teil anders. Mag schon sein, dass sie insbesondere im Männervolk am Land nicht rasend reüssiert. Das Männervolk am Land kenne ich aus den Dorfwirtshäusern. Klar. Aber dort wird wenigstens anerkannt, dass sie eine attraktive Frau ist. Das ist bei Weitem nicht das, was ich mir als Reaktion wünschen würde, aber immerhin.

Meiner Einschätzung nach ist sie eine wirklich gescheite Frau, die eine hohe Sensibilität auch für das hat, was Sozialdemokratie gerade in schwierigen Zeiten umsetzen muss. Das hat mit ihrer eigentlichen Profession und der Führung der Sozialdemokratie in Pandemiezeiten gar nicht so viel zu tun. Natürlich ist es kein Schaden,

wenn man von der Sache etwas versteht. Dass sie angesichts ihrer Profession, ihrer Ausbildung, ihrer Erfahrung
immer zu einem besonders vorsichtigen Umgang mit der
Pandemie mahnte, ist nachvollziehbar. Aber sie hat auch
durchaus im Bildungs- und Sozialbereich Flagge gezeigt.
Von der Sache her macht sie das wirklich gut und sie wird
auch rhetorisch immer besser.

Viele haben ihre parteiinterne Befragung über ihre
Vorsitzführung nicht goutiert. Nachdem sie das entschieden hatte, gab es für mich nicht nur Loyalitätsgründe,
sie dabei zu unterstützen – auch durch Öffentlichkeitsarbeit –, sondern ich war inhaltlich absolut überzeugt
davon. Ich stehe dazu: Pamela Rendi-Wagner ist eine gute
Vorsitzende.

Ich bin im Mai 2018, nach mehr als 23 Jahren, aus dem
Amt des Bürgermeisters geschieden. Am Tag nach der
Wahl Michael Ludwigs zum Bürgermeister kam ich
noch einmal ins Büro. Es gab Verabschiedungszeremo-
nien mit Blasmusik und allem, was dazugehört. Danach
übergab ich Michael Ludwig die Schlüssel des Rathauses.
Sie sind auch tatsächlich die Schlüssel zu allen Räumlichkeiten, über die nur der Bürgermeister, der Magistratsdi-
rektor und die Rathauswache verfügen.

Trotz meiner langen Verweildauer in der Politik habe
ich mein Ausscheiden nicht als tiefen Lebenseinschnitt
empfunden. Mir war von Anfang an bewusst, dass auch
ein solches Berufsleben einen Anfang und ein Ende hat.
Man bekommt auf Zeit Macht verliehen – und die per
Verfassung dem Bürgermeister von Wien zustehenden

Die offizielle Schlüsselübergabe an Michael Ludwig
im Rathaus am 25. Mai 2018

Rechte sind gewaltig. Aber das hat einmal ein Ende und man gibt diese Macht an den Nachfolger weiter. Ich hatte ja nie angenommen, dass meine Amtszeit so lange dauern würde. Nur Josef Georg Hörl, Bürgermeister zwischen 1773 und 1804, war länger im Amt als ich. Aber der musste auch nicht gewählt werden.

Nein, der Tag der Übergabe war für mich nicht erschreckend. Ich übergab Michael Ludwig die Schlüssel, ging in den Hof und fuhr meiner Frau ins Wochenende nach. Schon am ersten Abend ließ ich mein Handy demonstrativ im Wohnzimmer liegen und nahm es nicht, wie seit mehr als 20 Jahren üblich, mit ins Schlafzimmer. Es war für mich ein gewisser Akt der Befreiung.

Nach diesem Mai, in dem ich wieder Privatperson wurde, kam bald der Sommer und wir reisten viel. Umstellungsprozesse gab es dann natürlich, als ich meine nunmehr intensivere Tätigkeit als Präsident des Wiener Wissenschaftsfonds aufnahm.

Im folgenden Frühsommer 2019 unterzog ich mich in Wien einer Routineuntersuchung. Ich bat die Ärzte, ein MRT vorzunehmen, weil ich aufgrund von Kreuzschmerzen dachte, einen Bandscheibenvorfall erlitten zu haben. Aber die Ärzte gaben Entwarnung: Ich hatte keinen Bandscheibenvorfall, sondern einfach dieses typische Leiden, das durch tausende Stunden in Sitzungen, durch Übergewicht und zu wenig Training der Rückenmuskulatur hervorgerufen wird. Das Kreuzweh war einfach da, weil ich mich nicht hinreichend um mich selbst gekümmert hatte.

Aber bei der Untersuchung sah man zufällig auch diesen veränderten Polypen an der Niere. Der Verdacht bestätigte sich bald danach durch die Histologie: Ich hatte Krebs. Es war nichts davon zu spüren, ich hatte keine Schmerzen und keine Beschwerden. Den Fachärzten, mit denen ich mich beriet, sagte ich: Meinen Siebziger im September möchte ich gern noch in vertrauter Umgebung ordentlich feiern. Das tat ich auch.

Anfang Oktober ging ich ins Krankenhaus, im Bewusstsein, eine Woche später wieder draußen zu sein. Es wurden dann drei Monate. Die Operation verlief gut, aber dann bekam ich eine Entzündung an der inneren Wunde, die eine Fülle von Problemen nach sich zog. Ich hatte ziemlich alle Komplikationen, die höchstens in einem Prozent der Fälle auftreten.

Wenn du da am Abend im Einzelzimmer des Kranken-
hauses liegst, denkst du schon darüber nach, welche
Lächerlichkeiten dich früher furchtbar aufgeregt haben.
Manchmal nahm mich die Zeit im Spital psychisch mit,
obwohl mir die ärztlichen Freunde ein hohes Ausmaß an
psychischer Resilienz bescheinigten. Und manchmal war
es sehr hart. Wenn du zum vierten oder fünften Mal zu
fiebern beginnst und du weißt, dass in deinem Körper
wieder ein Infektionsherd ausgebrochen ist, beginnst du
zu verzweifeln.

Meine Frau, eine wirklich erfahrene Ärztin, hat mir
unablässig Mut zugesprochen, aber manchmal hatte ich
schon das Gefühl, dass auch sie unsicher wird. Wenn sie
dann wieder gegangen war, dachte ich mir: Sie ist so lieb
und kümmert sich hinreißend um mich – aber dennoch
kriecht diese Verzweiflung wieder hoch.

Ich glaube nicht, dass die Krankheit psychische
Defekte in mir hinterlassen hat, aber ich denke heute über
verschiedene Dinge anders.

Am 28. Dezember 2019 ging ich nach drei Monaten im
Krankenhaus erstmals wieder ins Freie. Wobei „ging"
eine leichte Übertreibung ist. Ich schaffte es bei mir zu
Hause nur mit großer Mühe in den zweiten Stock – wir
haben keinen Lift. Statt der früher üblichen 115 Kilo hatte
ich nun 83. Das ist der positive Teil der Geschichte.

Im Jänner ging ich für drei Wochen auf Reha, wo es im
Prinzip darum ging, einen Wiederaufbau des Körpers zu
schaffen. Ich hatte viel Muskelmasse verloren. Zwar hatte
ich im Spital unter großartiger Anleitung schon mit der
Physiotherapie begonnen, aber in der Reha war das Trai-

ning dann intensiv. Von neun Uhr vormittags bis halb fünf nachmittags wurde „am Körper" gearbeitet und nur gnadenhalber eine Mittagspause eingelegt. Ich ging mit 95 Kilo hinaus, es war also wieder Muskelmasse aufgebaut. Und dieses Gewicht halte ich bis jetzt – plus minus ein, zwei Kilo.

Jetzt geht es mir gut. Der darauffolgende Sommer war schon wieder schön. Wir waren am Berg wandern. Ich bin ausgeheilt, es ist alles gut.

Als Corona kam, saß ich eineinhalb Monate lang ständig zu Hause in einer selbstgewählten Quarantäne. Das tat meiner Bibliothek gut. Ich durchforstete alles, kann aber Bücher nicht wirklich wegwerfen. Einige Schachteln sind es dann doch geworden.

DAS NEUE LEBEN

Zurückgekehrt nach einem halben Jahr gesundheitlicher Auszeit und hineingestolpert in die Coronapandemie, erreichte mich das Angebot, als Nachfolger des verstorbenen Rudi Hundstorfer Präsident der Volkshilfe Wien zu werden. Natürlich bat ich nach den Erfahrungen der letzten Monate um Bedenkzeit, konnte und wollte mich aber am Ende vieler Gespräche dieser Herausforderung nicht entziehen.

Es war schon in der ersten Hälfte 2020 absehbar, welche wirtschaftlichen und sozialen Folgen die Coronakrise nach sich ziehen würde. Waren anfangs unser Gesundheitssystem und die wissenschaftliche Forschung zur Entwicklung der Impfstoffe besonders gefordert, mussten bald wirtschaftliche und soziale Maßnahmen, etwa Kurzarbeit, getroffen werden, denn die Arbeitslosenzahlen kletterten beängstigend rasch auf über 500.000, weitere

Kundgebung der Volkshilfe gegen Kinderarmut
am Karlsplatz im Juli 2021

400.000 Menschen waren in Kurzarbeit. Schule gab es praktisch nur noch online, damit entfiel ein Großteil der gerade bei Kindern so wichtigen Sozialkontakte. Dies galt auch für die Universitäten, wo manche Studienanfänger über ein Jahr lang weder Kollegen noch Universitätslehrer zu Gesicht bekamen.

Bis hinein in die Familien sind die Folgen der Pandemie spürbar: Homeoffice und Homeschooling, Verschärfungen der Armutssituation und Vereinsamung sind oft die Konsequenzen. Angesichts dieser besorgniserregenden Lage konnte ich zu dem Angebot, Verantwortung in der großen und sehr gut organisierten Sozial-NGO Volkshilfe zu übernehmen, nicht Nein sagen.

Natürlich wird uns (und der Sozialdemokratie generell) von linker Seite vorgeworfen, wir spielten den „Arzt am Krankenbett des Kapitalismus". Aber was ist die Alternative? Sollen wir die Menschen auf den Intensivstationen, die von Wohnungsdelogierung Betroffenen, die Eltern, die in der zweiten Monatshälfte nicht mehr wissen, wie sie ihre Kinder ernähren sollen, und die Kinder, die vor dem Hintergrund fehlender Sozialkontakte in Depression verfallen, im Stich lassen?

Wir lassen jenen, die Hilfe brauchen, diese nach bestem Wissen und mit den uns zur Verfügung stehenden Mitteln zuteilwerden. Aber wir werden auch immer wieder die gesellschaftlichen Verhältnisse, die diese sozialen Verwerfungen herbeigeführt haben, und ihre Verursacher kenntlich machen und wir werden nicht „die Politik schlechthin" verantwortlich machen. „Politik schlechthin" gibt es nicht. Verantwortlich für diese sozialen Verwerfungen sind konkrete Ideologien und konkrete Politiker. Allerdings tragen in einer Demokratie alle einen Teil der Verantwortung – die einen mehr, die anderen weniger.

Die letzten Sätze treffen auch auf Herausforderungen der nächsten Jahrzehnte zu, etwa auf die Digitalisierung. Natürlich bedeuten Digitalisierung, Roboterisierung und zunehmend auch in den Alltag drängende Elemente der künstlichen Intelligenz einen riesigen Schritt, der nicht „nur" die Arbeitswelt, sondern alle gesellschaftlichen Bereiche umfasst. Das kann sich in vielen Bereichen sehr positiv auf unser Leben auswirken, aber all dies hat natürlich seine Schattenseiten und trägt auch die Gefahr eines „Überwachungsstaats" in sich – und das nicht nur in Diktaturen, sondern auch in manchen Demokratien, wie das heute leider schon zu beobachten ist.

Menschen, die bei diesem technologischen, ökonomischen und gesellschaftlichen Wandel nicht mitkommen, werden mit erheblichen Problemen konfrontiert sein. Anstelle dieses rein ökonomischen und technologischen Zugangs zur Digitalisierung setzen immer mehr Experten aus Wissenschaft, Politik und Kultur auf das Konzept des digitalen Humanismus. Im „Wiener Manifest für digitalen Humanismus" haben weltweit vernetzte Intellektuelle diese Vorstellungen zusammengefasst. Dieser „soziale Zugang" zur Digitalisierung sieht etwa den Kampf gegen den digitalen Analphabetismus als Aufgabe, weil kein Mensch, egal ob jung oder alt, in dem rasanten Prozess allein gelassen werden darf. Unser Bildungssystem muss so beschaffen sein, dass möglichst jeder lernt, in und mit der neuen digitalen Welt zu leben.

Man kann in ihr schon heute über soziale Medien alles Mögliche faktenlos behaupten, man kann die Existenz von Viren ableugnen und die menschengemachte Veränderung unseres Klimas als Verschwörung darstellen. Reale Auswirkungen auf faktenbasiertes und gesellschaftliches Handeln darf dies aber nicht haben. Leider gibt es gegen den Klimawandel keinen Impfstoff, aber es gibt Handlungsmöglichkeiten: etwa umweltschädlichem Verhalten einen Preis zu geben, Steuergerechtigkeit bei Treibstoffen, Lenkungsinstrumente zur Kreislaufwirtschaft, Ausbau des öffentlichen Verkehrs, Wärmedämmung bei Häusern – das alles gibt es und es gäbe noch viel mehr. Wissenschaft und technologische Innovation haben gerade in der Covid-Zeit bewiesen, was sie zu leisten vermögen, wenn der allseitige Wille und das nötige Geld da sind.

Zwei wesentliche Faktoren sind für mich mit der ökologischen Frage unauflöslich verbunden: die Stärkung des sozialen Zusammenhalts in der Gesellschaft und die Stärkung der Demokratie. Alle Maßnahmen zur Umsetzung der notwendigen Schritte zur Lösung der Klimaproblematik müssen finanziert werden. Daher ist bei der Gegenfinanzierung auf soziale Gerechtigkeit zu achten. Es wird auf Dauer nicht akzeptiert werden, wenn die einen die Gesetze der Natur missachten und die anderen dafür bezahlen müssen. Ein erster Schritt wäre die Beseitigung von Ungerechtigkeiten im Steuersystem (etwa bei der Besteuerung von Treibstoffen etc.), die auch nach der neuesten Steuerreform noch immer existent sind.

Mich stört der oft nach Aufmerksamkeit heischende Aktionismus der Klimaaktivisten nicht. Auch in meiner Biografie findet man ihn, weshalb ich großes, wenngleich begrenztes Verständnis dafür habe. Wer etwa die Parteizentrale der SPÖ besetzt und sich dann ausgerechnet von der SPÖ Verständnis und Hilfe für eine klimafreundliche Politik erwartet, sollte seine politische Strategie überdenken. Aber das ist in der Demokratiefrage nicht mein zentrales Anliegen. Am wichtigsten ist es mir, einen möglichst großen Teil der Menschen auf dem Weg zu einer sozial gerechten Klimapolitik mitzunehmen. Das funktioniert nur mit überzeugender, konkreter und sachlicher Argumentation. Arroganz, Aggression und Selbstgerechtigkeit sind nicht hilfreich. Argumente, die alarmistisch und hyperventilierend vorgetragen werden, kommen nicht an und haben deshalb keine Chance, gehört zu werden. Ich wünsche mir aber, dass sie gehört werden, auch wenn ich nicht alles teile, denn im Kern haben die Klimaschützer und ökologisch Orientierten recht. Und noch eines wünsche ich diesem Diskurs: Geduld.

Geduld ist etwas, was die Jugend ungern hört und auch mir im Großteil meines Lebens reichlich fremd war. Um Menschen zu überzeugen, braucht es Angebote zum Angreifen und es braucht Zeit. Maßnahmen umzusetzen, ohne einen Großteil der Menschen davon zu überzeugen, das geht auf Dauer nicht gut. Ein Beispiel: Vor etwa 30 Jahren wurden in Wien rund 40 Prozent der Wege im Auto und rund 20 Prozent in öffentlichen Verkehrsmitteln zurückgelegt, heute ist es im Wesentlichen umgekehrt. Dies und der industrielle Wandel haben dazu geführt, dass die Millionenstadt Wien den geringsten CO_2-Ausstoß pro Kopf aller Bundesländer hat – doch auch der ist noch zu hoch. Daher wäre es äußerst wünschenswert, wenn möglichst viele Menschen vom Verkehrskonzept und dem jüngsten Klimaschutzkonzept der Stadt Wien zu überzeugen wären.

„Demokratie braucht Demokraten", schrieb ein bedeutender deutscher Politiker. Das haben wir alle zu beherzigen, nicht nur die gewählten Politiker. Und Demokratie ist nicht „nur" der formale Gesetzwerdungsprozess im Parlament oder die Wahl der Volksvertreter ins Parlament. Eine moderne soziale Demokratie ist mehr. „Die Durchflutung aller Lebensbereiche mit Demokratie" nannte sie Bruno Kreisky Anfang der 1970er-Jahre. Gerade für uns damals junge Menschen war das eine Hoffnung gebende Vision. Wir haben das ernst genommen – ich nehme es immer noch ernst und es ist immer noch eine Vision. Nicht erst die jüngsten Ereignisse lassen Zweifel daran aufkommen, ob innerhalb und außerhalb des Parlaments immer und überall nur Demokraten agieren. Ich denke, es ist unerlässlich, dass wir in Sachen Demokratie aufmerksam sind und Angriffen auf sie mutig entgegentreten. Ich denke, es lohnt sich, für Demokratie, Solidarität und eine sichere Zukunft unseres schönen Heimatlandes Österreich und unseres zukunftsmächtigen Europa einzutreten.

Liebe Leserin, lieber Leser,

**hat Ihnen dieses Buch gefallen? Wollen Sie weitere Informationen
zum Thema? Möchten Sie mit dem Autor in Kontakt treten?
Wir freuen uns auf Austausch und Anregung!
leserbrief@brandstaetterverlag.com**

Brandstätter Verlag
Wickenburggasse 26, 1080 Wien
Telefonnummer: 0043 1 512 15 430

Wir sagen Danke. Bleiben wir in Verbindung! Lassen Sie sich inspirieren!
Gute Geschichten, schöne Geschenkideen auf www.brandstaetterverlag.com
Teilen macht Freude!
#michaelhäupl #freundschaft

1. Auflage 2022
Alle Rechte vorbehalten

Copyright © 2022 by
Christian Brandstätter Verlag, Wien

Druck: Print Alliance HAV Produktions GmbH, 2540 Bad Vöslau
Designed and printed in Austria
ISBN: 978-3-7106-0589-5

Coverdesign & Satz: Peter Manfredini
Coverfoto: Gianmaria Gava
Lektorat: Joe Rabl
Projektleitung: Judith E. Innerhofer

Bildnachweis:
ap / dpa / picture alliance / Süddeutsche Zeitung Photo: 62; Helmut Fohringer / APA /
picturedesk.com: 134; Gianmaria Gava: Schutzumschlag vorne, 207; Michael Gruber /
EXPA / picturedesk.com: Vorsatz; Georg Hochmuth / APA / picturedesk.com: 159, 196;
Robert Jäger / APA-Archiv / picturedesk.com: 82; Herbert Neubauer / APA / picture-
desk.com: 171; ÖNB-Bildarchiv / picturedesk.com: 36; Österreichischer Städtebund: 104;
Isabelle Ouvrard / SEPA.Media / picturedesk.com: 201; Privat: 13 (2), 14, 21; Hans Punz /
APA / picturedesk.com: 176, 194; Roland Schlager / APA / picturedesk.com: 98, 151,
Nachsatz; Georges Schneider / Contrast / picturedesk.com: 120, 127, 186; Kelly Schöbitz /
APA / picturedesk.com: 74; Hans Klaus Techt / APA / picturedesk.com: 86, 94, 122;
Vice Austria: 189; Votava / Imagno / picturedesk.com: 65; Walter Wobrazek: 10/11,
40, 71, 72, 88, 107, 164, 184; Roman Zach-Kiesling / Verlagsgruppe News /
picturedesk.com: 112/113

Wir tragen Verantwortung!

Der Inhalt dieses Buchs wurde auf hochwertigem, FSC®-zertifizierten Naturpapier gedruckt. Dieses Papier trägt
darüber hinaus ein Zertifikat auf dem Cradle to Cradle Certified® Silver Level.
Das Forest Stewardship Council® ist eine internationale Nichtregierungsorganisation, die weltweit eine umweltfreundliche, sozial gerechte und wirtschaftlich tragfähige Bewirtschaftung der Wälder fördert. Cradle to Cradle®
zielt auf ein ökologisch verträgliches Wirtschaften in sich wiederholenden Rohstoff-Produkt-Kreisläufen ab.

Für die Druckproduktion und Endfertigung wurde auf umweltfreundliche, ressourcenschonende
und schadstofffreie Produktionsweisen und Materialien geachtet. Die Druckerei ist FSC®-zertifi-
ziert, das grenzüberschreitende Umweltgütesiegel „EU Ecolabel" zeichnet diesen Betrieb durch
umweltfreundliche Produkte und Dienstleistungen aus.